Einsterns Schwester

4

Themenheft 4
Lesen

Herausgegeben von
Roland Bauer
Jutta Maurach

Erarbeitet von
Wiebke Gerstenmaier
Sonja Grimm

Cornelsen

Inhaltsverzeichnis

So kannst du mit den Heften arbeiten

Du machst alle
Seiten der Lernportion 1.

Zuerst im
grünen Heft.

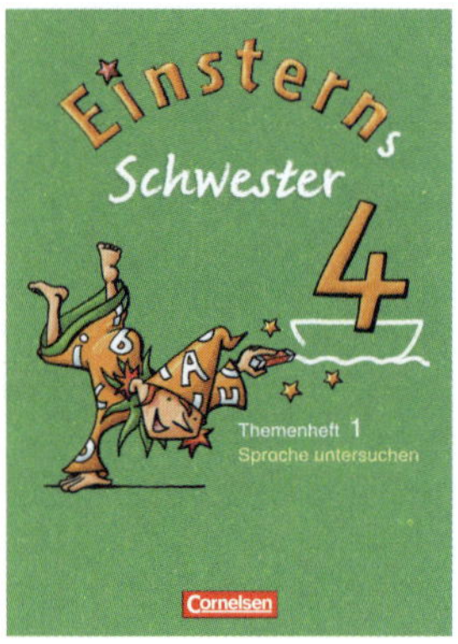

Dann im
roten Heft.

Dann im
gelben Heft.

Und dann im
blauen Heft.

Danach machst du in
allen Heften die Lernportion 2.

Nun machst du in
allen Heften die Lernportion 3.

Genauso bearbeitest du
alle anderen Lernportionen.

Zu jeder
Lernportion
kannst du
im Arbeitsheft
arbeiten.

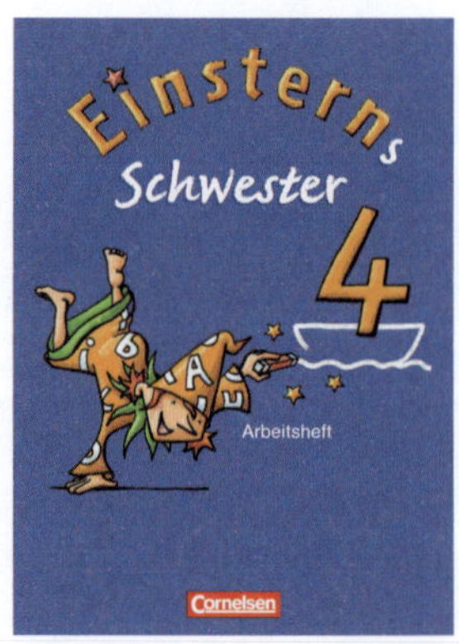

→ AH Seite …
Dieser Hinweis zeigt dir,
dass es eine passende Seite
im Arbeitsheft gibt.

1 Kreuz und quer lesen

1 Finde in jedem Wort den Anfangsbuchstaben. Folge den Linien mit den Augen. Schreibe das Lösungswort auf.

Heft 4, Seite 5 ①
A: Kombüse, …

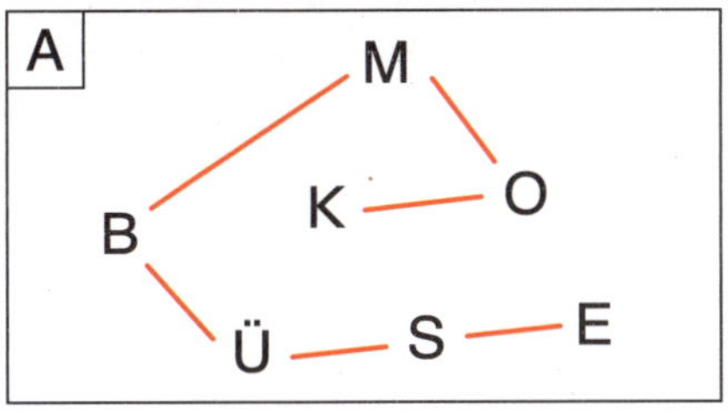

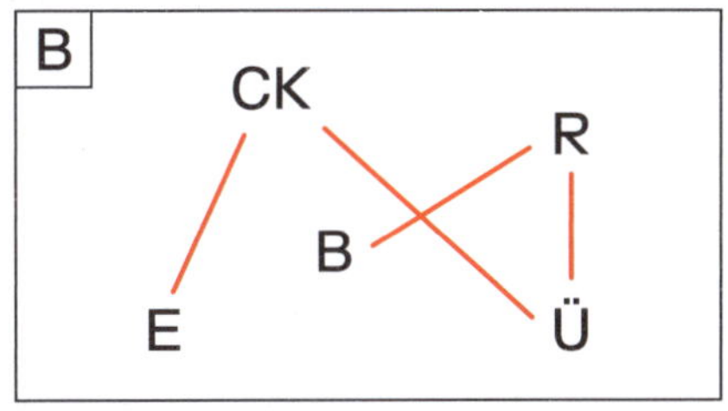

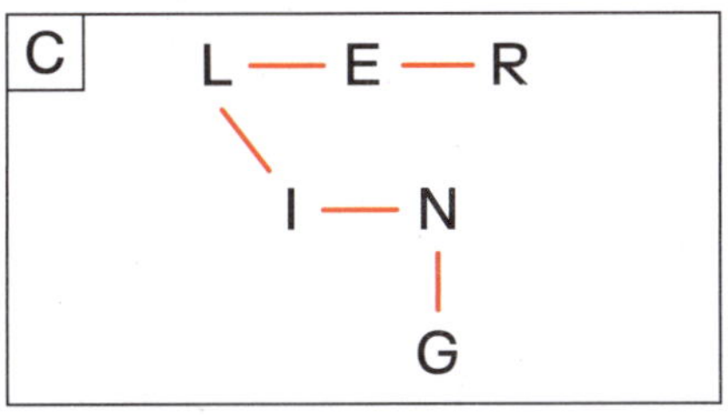

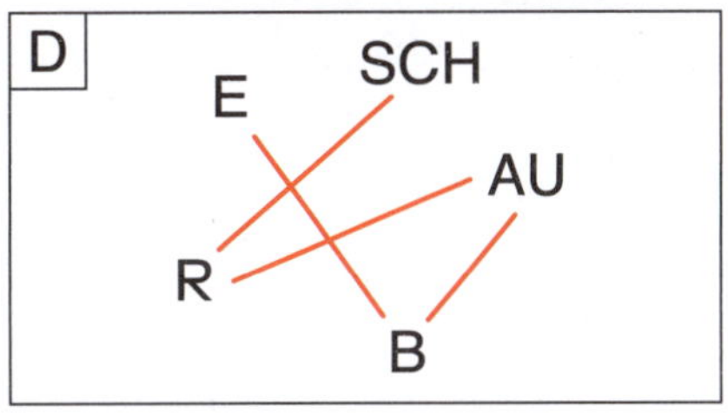

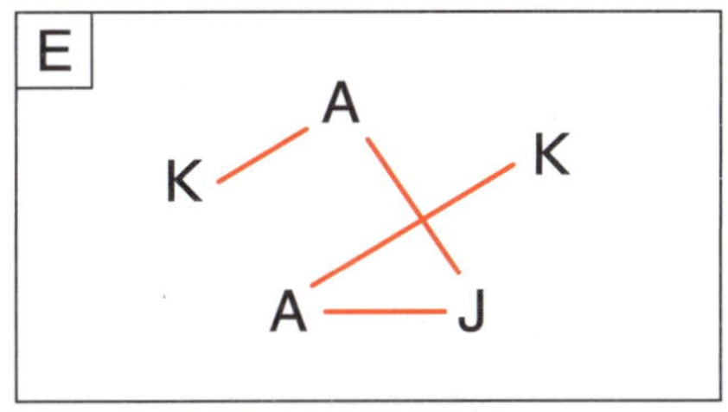

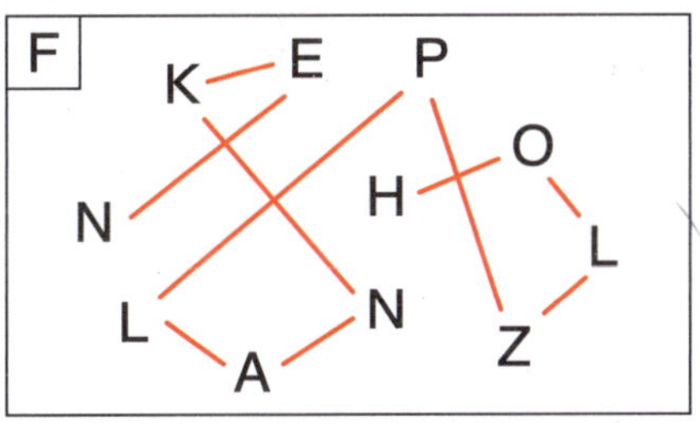

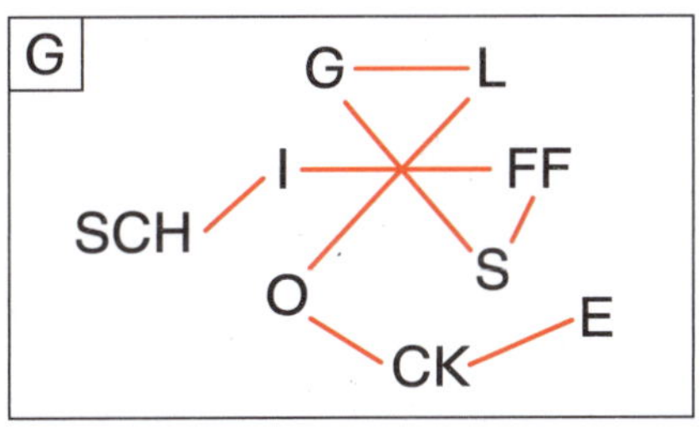

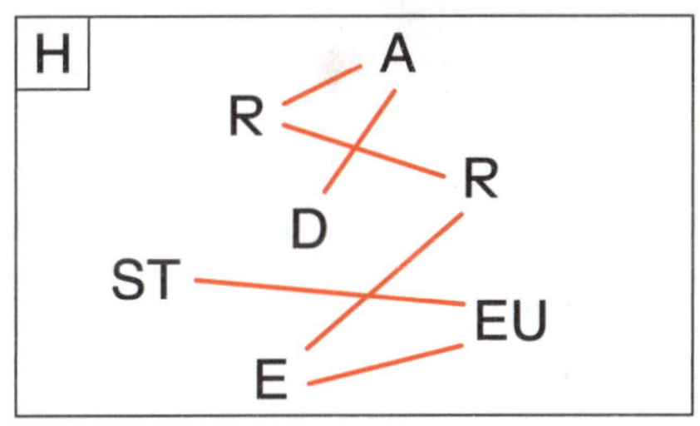

2 Folge den Pfeilen und lies Wort für Wort.
Übe so lange, bis du die Wörter fehlerfrei lesen kannst.

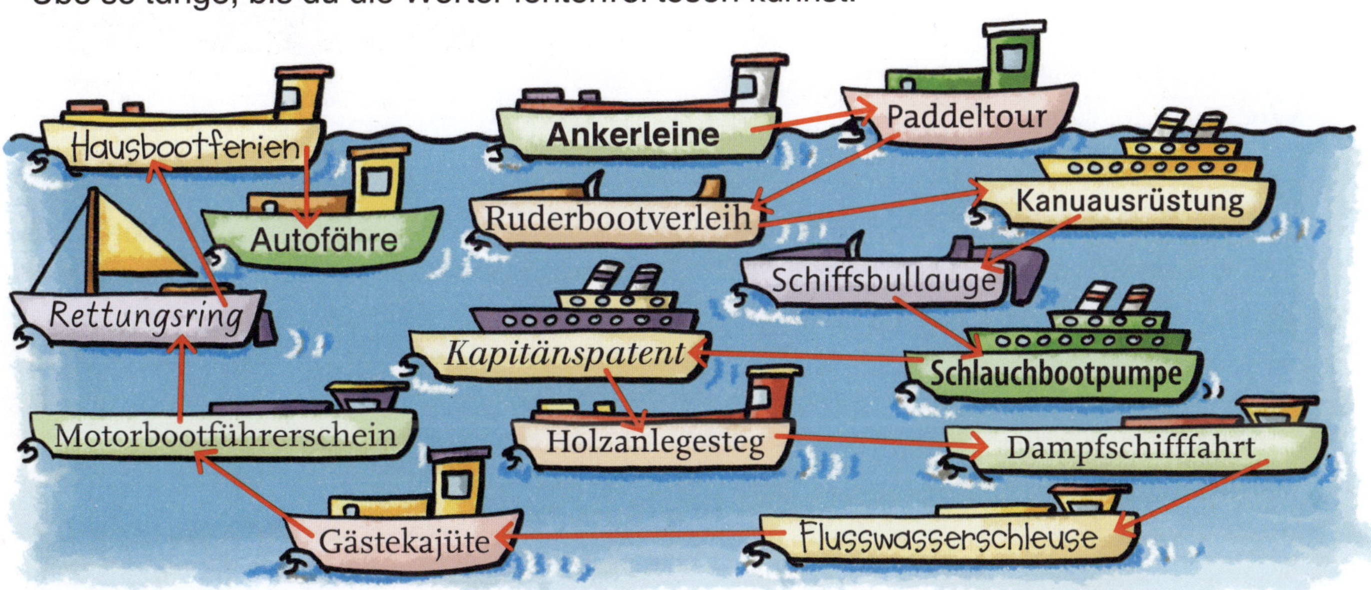

1 Im Flüstersitz lesen

So baue ich einen Flüstersitz:

Ich stelle zwei Stühle mit der Sitzfläche nebeneinander auf.
Die Sitzflächen zeigen dabei in entgegengesetzte Richtungen.
Auf diese Weise kann man leise miteinander sprechen
oder sich gegenseitig etwas vorlesen.
Das ist das Zeichen dafür: 

1. Lies die Absätze mit einem Partnerkind.
Einer fragt, einer antwortet.
Achtet dabei auf die richtige Betonung der **fett gedruckten** Wörter.
Tauscht dann die Rollen.

Magst du ein Brötchen mit Marmelade? – Nein, ich mag ein Brötchen mit **Käse**.
Magst du ein Brot mit Käse? – Nein, ich mag **ein Brötchen** mit Käse.
Magst du ein Brötchen mit Käse? – Nein, ich mag **zwei** Brötchen mit Käse.

Hast du eine schwarze Katze? – Nein, ich habe eine **weiße** Katze.
Gehört dir dieser weiße Hund? – Nein, ich habe eine weiße **Katze**.
Hat Tina eine weiße Katze? – Nein, **ich** habe eine weiße Katze.

2. Lies die Absätze leise durch.
Überlege, welches Wort in der Antwort betont wird.
Lest nun mit verteilten Rollen.
Wechselt euch ab.

Streitest du oft mit Anne? – Nein, Anne ist meine beste Freundin.
Magst du Jana aus der 4 b am liebsten? – Nein, Anne ist meine beste Freundin.
Anne ist jetzt wohl Mias beste Freundin? – Nein, Anne ist meine beste Freundin.

Fahrt ihr morgen in den Urlaub? – Nein, wir fahren nächste Woche in den Urlaub.
Fahrt ihr dann in die Berge? – Nein, wir fahren ans Meer.
Fahrt ihr dann in den Süden? – Nein, wir fliegen in den Süden.

1 Einen Text mit vertauschten Zeilen lesen

1 Lies den Text in der richtigen Reihenfolge.
Die Buchstaben am Rand
ergeben dann den Namen eines
pflanzenfressenden Dinosauriers.

T	Die Zeit, in der die Dinosaurier die Erde beherrschten, wird
I	Jahren riesige Echsen mit langen Hälsen in Sümpfen und
R	Erdmittelalter genannt. Hier lebten vor etwa 200 Millionen
C	Wäldern. Diese Landlebewesen, zu denen auch der gigantische
R	ernährten sich von Farnblättern, Sumpfpflanzen oder den Ästen
E	Brontosaurus zählt, waren friedliche Pflanzenfresser. Sie
T	kleine Saurier, aber auch große Räuber mit messerscharfen
A	hoher Nadelbäume. Unter den Fleischfressern gab es flinke
P	zogen Flugsaurier ihre Bahnen und hielten nach Meerestieren
O	Zähnen und spitzen Krallen, wie den Allosaurus. Am Himmel
S	oder kleineren Echsen Ausschau.

2 Lies den Text einem Partnerkind so vor, dass es nicht merkt, wenn du in eine neue Zeile wechselst.

3 Löse das Silbenrätsel mithilfe des Textes aus **1**.

Heft 4, Seite 7 ③
1. Allosaurus
2. ...

1. Name dieses Dinosauriers →

2. Fliegende Reptilien
3. Anderer Name für Räuber
4. Eine Nahrungsquelle des Brontosaurus
5. Beute von fliegenden Sauriern
6. Zeit, in der Dinosaurier lebten

AL	AL	BLÄT	ER	ERD
FARN		FLEISCH		FLUG
FRES	LO	MEE	MIT	RE
RES	RI	RUS	SAU	SAU
SER	TEL	TER	TER	TIE

1 Flüssig und genau lesen

1. Suche dir einen Lesepartner.

a) Lest euch den Text **gegenseitig** vor.

b) Lest den Text leise **gemeinsam** im Chor.

c) Lest den Text **abwechselnd**.
Ein Kind beginnt zu lesen und hört an einer beliebigen Stelle auf. Das andere Kind liest nun weiter und stoppt ebenfalls an einer beliebigen Stelle, und so weiter.

Unter einer Hexe stellen sich die meisten Leute ein runzeliges, dürres altes Weiblein vor, das einen großen Buckel auf dem Rücken schleppt, viele borstige Warzen im Gesicht und nur einen einzigen langen Zahn im Mund hat.
Aber heutzutage sehen Hexen meist ganz anders aus. Tyrannja Vamperl war jedenfalls das genaue Gegenteil von all dem. Zwar war sie verhältnismäßig klein, aber dafür war sie unglaublich fett. Sie war buchstäblich so hoch wie breit. Ihre Garderobe bestand aus einem schwefelgelben Abendkleid mit allerhand schwarzen Streifen, so dass sie wie eine überdimensionale Hornisse aussah. (Schwefelgelb war nämlich ihre Lieblingsfarbe.) Sie war über und über mit Schmuck und Juwelen behängt, sogar ihre Zähne waren aus Gold, mit blitzenden Brillanten als Plomben. Jedes einzelne ihrer dicken Wurstfingerchen war mit Ringen besteckt und sogar ihre langen Fingernägel waren vergoldet. Auf ihrem Kopf saß ein Hut von der Größe eines Autoreifens, an dessen Krempe hunderte von Geldstücken klimperten. Ihr Mopsgesicht mit dicken Tränensäcken und den schlaffen Hängebacken war so stark geschminkt, dass es einer kosmetischen Schaufensterauslage glich. Als Handtäschchen trug sie einen kleinen Tresor mit Nummernschloss unter dem Arm.

Michael Ende

2. Zeichne Tyrannja Vamperl aus dem Gedächtnis so genau wie möglich. Kontrolliere mit dem Text.

Heft 4, Seite 8 ②
...

1 Zusammenhänge erkennen

1 Ordne jedem Text das passende Bild zu.
So erhältst du ein Lösungswort.

Heft 4, Seite 9 ①
1 = B, …

ein weißes Gummibärchen, ein grünes Gummibärchen, ein gelbes Gummibärchen, ein blauer Gummibert, aber kein rotes Gummibärchen	1
ein weißes Gummibärchen, ein rotes Gummibärchen, ein grünes Gummibärchen, ein gelbes Gummibärchen, aber kein Gummibert	2
ein lila Gummibert, ein rotes Gummibärchen, ein grünes Gummibärchen, ein weißes Gummibärchen, aber kein gelbes Gummibärchen	3
ein grünes Gummibärchen, ein weißes Gummibärchen, ein rosa Gummibert, ein rotes Gummibärchen, aber kein gelbes Gummibärchen	4
ein grünes Gummibärchen, ein rosa Gummibert, ein rotes Gummibärchen, ein gelbes Gummibärchen, aber kein weißes Gummibärchen	5
ein weißes Gummibärchen, ein rotes Gummibärchen, ein gelbes Gummibärchen, ein lila Gummibert, aber kein grünes Gummibärchen	6
ein blauer Gummibert, ein gelbes Gummibärchen, ein rotes Gummibärchen, ein grünes Gummibärchen, aber kein weißes Gummibärchen	7
ein grünes Gummibärchen, ein weißes Gummibärchen, ein oranger Gummibert, ein gelbes Gummibärchen, aber kein rotes Gummibärchen	8

E

C

B

E

N

A

H

R

1 Ein Leserätsel lösen

1 Zeichne auf ein DIN-A4-Blatt das Haus groß auf. Trage die Beschriftung daneben ein.

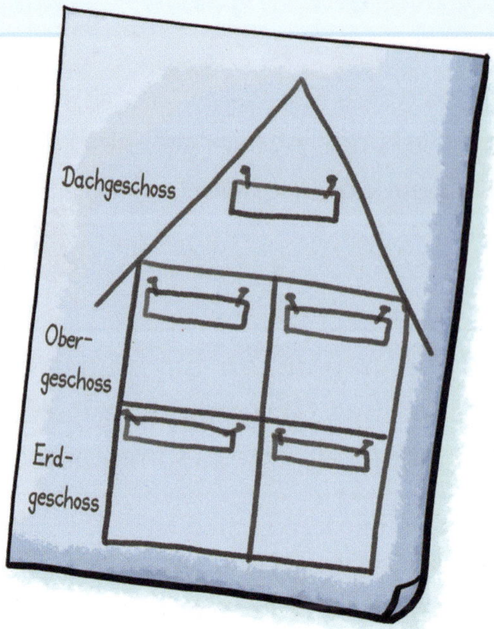

2 Lies die Sätze genau durch. Zeichne die Instrumente und Tiere richtig in das Haus ein. Schreibe die Namen der Bewohner auf die Namensschilder.

- Die Bewohner des Hauses heißen Böhl, Braun, Malinsky, Paschulte und Hinz.
- Herr Böhl kann keine Treppen steigen.
- Die Wohnung mit der Katze ist nicht neben der Wohnung mit der Schildkröte.
- In der Erdgeschosswohnung unten links steht ein Vogelkäfig.
- Herr Hinz wohnt im Obergeschoss, aber nicht über Herrn Böhl.
- Die Wohnung mit den Fischen ist direkt über den Wohnungen mit der Katze und dem Hund.
- Außer dem Dirigenten spielen die Herren des Hauses Klavier, Gitarre, Geige und Trompete.
- In der Erdgeschosswohnung unten rechts wohnt Herr Paschulte.
- Herr Malinsky liebt Katzen.
- Herr Braun hat ein Aquarium.
- Herr Paschulte mag keine Saiteninstrumente.
- Der Herr in der Dachwohnung spielt Klavier.
- Der Bewohner der rechten Obergeschosswohnung spielt nicht Geige und nicht Trompete.
- Herr Böhl ist Dirigent.

Mit einem Lexikon arbeiten

1 Finde heraus, welche vier Begriffe auf dieser Lexikonseite erklärt werden.

Heft 4, Seite 11 ①
A: Auto
B: …

A

___ ist eigentlich die Abkürzung für ___mobil, das heißt Selbstbeweger. Carl Benz und Gottlieb Daimler hatten es gleichzeitig, im Jahr 1886, geschafft: Sie bauten jeder ein Fahrzeug, das nicht mehr von Pferden gezogen werden musste. Es brauchte keine Schienen wie die schweren Dampflokomotiven, die es schon vorher gab. Der Benz-Motorwagen war noch ein Dreirad. Viele Leute hielten ihn anfangs für Zauberspuk.

B

___: Wenn bei einem Musikfest ein bekannter Sänger auftritt, bitten Fans ihn um ein ___, das heißt um eine eigenhändige Unterschrift. Auch Sportler, Filmschauspieler und Schriftsteller werden um ___e gebeten. Leute, die ___e sammeln, nennt man ___-jäger.

C

___: Ein ___ ist eine → Maschine, die ohne menschliches Eingreifen eine Arbeit verrichtet. ___en begegnen uns in vielen Formen, z. B. Kaugummi___en, Computer oder sogar ___en, die Autos zusammenbauen.

D

___: Ein ___ schreibt Texte und Bücher. Niemand darf seine Schriftstücke veröffentlichen, ohne den Namen des ___s zu nennen. Auch den Verfasser von Musikstücken nennt man ___.

2 Schreibe für jeden Begriff ein anderes Wort mit gleicher Bedeutung oder eine kurze Erklärung auf.

Heft 4, Seite 11 ②
A: Pkw
B: Ein … ist …

3 Wähle einen Begriff. Schreibe einen eigenen Lexikontext.

Pippi Langstrumpf | Fingerabdruck | Dirigent

Heft 4, Seite 11 ③
…

4

Das Internet nutzen

Wenn ich **mehr über ein Thema wissen** möchte, suche ich auch im **Internet** nach Informationen.
Ich gebe in die Adressleiste die Adresse einer Kindersuchmaschine ein, z. B. www.helles-koepfchen.de, www.blinde-kuh.de oder www.fragfinn.de.
Dann schreibe ich in das Eingabefeld meinen Suchbegriff.
Die Suchmaschine zeigt mir verschiedene Treffer (= Seiten) zu meinem Thema.

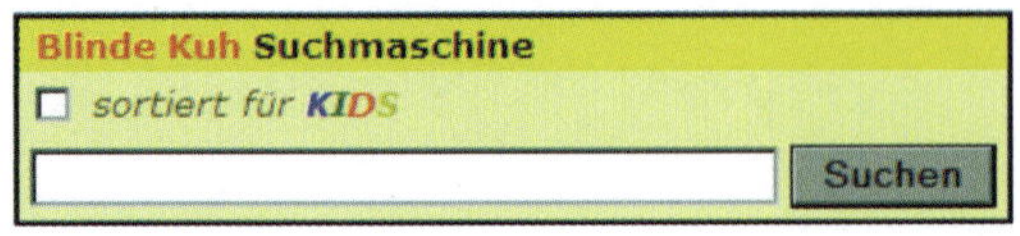

Hier siehst du die Startseite einer Suchmaschine.

1 Beantworte die Fragen.

a) Welche Adresse wurde in die Adressleiste eingegeben?

b) Welche Felder könnte man anklicken, um Ideen für einen Spielenachmittag zu bekommen?

c) Unter welchen Überschriften könnte man Informationen über Ameisen finden?

d) Wie lautet der Suchbegriff, der in die Suchmaschine eingegeben wurde?

Heft 4, Seite 12 ①
a) www.blinde-kuh.de
b) ...

2

So viele Seiten findest du bei www.blinde-kuh.de zum Thema **Ritter**:

Hier siehst du einen Teil der Suchergebnisse. Jede Überschrift ist ein Link, der zu einer neuen Internetseite führt.

2 Schreibe die richtigen Nummern auf.

a) Welcher Link führt zu einem Lied?

b) Welcher Link führt zu einer Bastelanleitung?

c) Welche Links beinhalten Informationen über Ritterrüstungen?

d) Welche Links bringen keine Informationen zur Ritterzeit?

e) Welche Links sind für deine Altersgruppe empfohlen?

Heft 4, Seite 13 ②
a) Link ...
b) ...

→ AH Seite 17

2 Verschiedene Quellen für einen Vortrag nutzen

1 Lies die Informationen von der Homepage, aus dem Lexikon und aus der Zeitung zum Thema Zeppelin genau.

Startseite
Aktuell
Infonetz
Community
Quiz
Videobox

Zeppelin

Gigant am Himmel

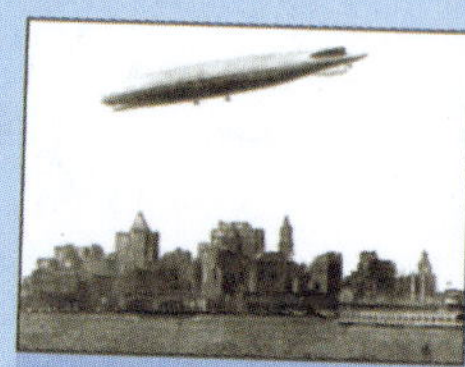
Ankunft in New York

Als sich am 2. Juli 1900 in Friedrichshafen die Tore einer schwimmenden Halle auf dem Bodensee öffneten, hielten Tausende den Atem an. Sie sahen einen gigantischen Zeppelin, der kurz darauf in die Luft stieg.

Fast 30 Jahre später, am 11. Oktober 1928, brach das Luftschiff "Graf Zeppelin" zu einem Transatlantik-Flug auf: von Friedrichshafen in die USA. Damit startete der erste regelmäßige Linienverkehr über den Atlantik.

Die "Graf Zeppelin" ist benannt nach Ferdinand Graf von Zeppelin. Er baute das erste brauchbare Luftschiff.

Graf Zeppelin

Bis zum Start der "Graf Zeppelin" wurden Zeppeline allerdings nur zu militärischen Zwecken benutzt.

Der größte Erfolg in der Geschichte der Zeppelin-Fahrt war die Weltumrundung 1929.

Nach 21 Tagen, fünf Stunden und 31 Minuten landete Hugo Eckener, der ehemalige Kommandant der "Graf Zeppelin", auf sicherem Boden in Lakehurst, New Jersey.

Die "Hindenburg" kurz vor dem Unglück

Nach einigen schweren Unglücken wurde die Luftfahrt mit Zeppelinen in den USA und Großbritannien aber bald wieder eingestellt. Als 1937 die "Hindenburg" verunglückte, stellte auch Deutschland den Luftverkehr ein.

Die "Hindenburg" war 245 Meter lang und das größte Luftschiff der Welt. Sie war ein Aushängeschild deutscher Technologie im Dritten Reich und wurde von den Nationalsozialisten für Propaganda-Zwecke genutzt. Von ihrem ersten Start am 4. März 1936 bis zu dem Unglück machte die Hindenburg 63 Fahrten.

Heute gibt es wieder Zeppeline und sobald einer am Himmel auftaucht, wird er bestaunt.

Deshalb nutzen viele Firmen die riesigen Gefährte für ihre Werbung.

Inzwischen kann man auch wieder mit Zeppelinen mitfahren. Zum Beispiel mit dem "Zeppelin NT" am Bodensee. So eine Rundfahrt kostet aber einige hundert Euro.

Zeppelin mit Werbung

Autorin: Constance Schirra

Letzte Änderung am 03. März 2011

Luftschiff: Luftschiffe sind längliche Ballons mit fester Außenhaut und Motorantrieb. Sie werden von einer Gasfüllung in der Luft schwebend gehalten. Der mit Gas gefüllte Ballon ist leichter als der gleiche Bal-

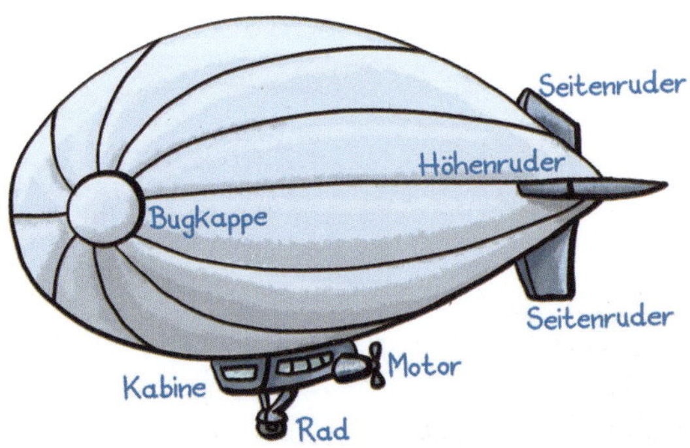

lon voll Luft. Deshalb schwebt er in der Luft und kann sogar noch eine Kabine mit Menschen oder Frachten mittragen. Viele sagen zu einem Luftschiff auch *Zeppelin*, weil das erste brauchbare Luftschiff von Graf von Zeppelin gebaut worden war. Es war 128 Meter lang und startete am 2. Juli 1900. Die zwei 15-PS-Motoren brachten es auf 32 km/h.

2

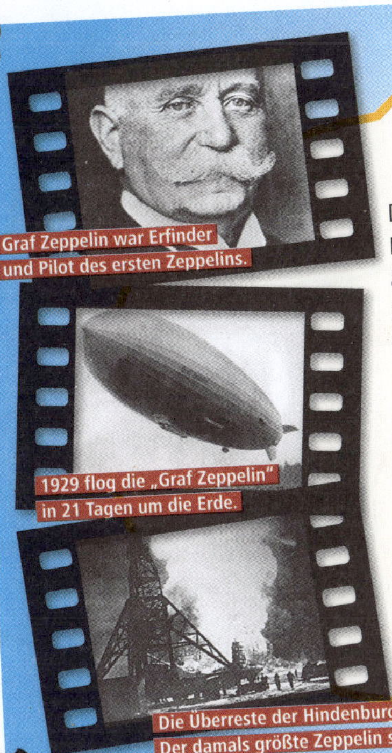

Graf Zeppelin war Erfinder und Pilot des ersten Zeppelins.

1929 flog die „Graf Zeppelin" in 21 Tagen um die Erde.

Die Überreste der Hindenburg
Der damals größte Zeppelin stürzte 1937 ab.

Der Zeppelin

Der 2. Juli 1900 war ein aufregender Tag. Eine riesige Menschenmenge hatte sich am Bodensee versammelt, um den ersten Zeppelin bei seinem Probeflug zu beobachten. Als das gewaltige Luftschiff LZ 1 mit fünf Passagieren rund 400 Meter hoch in den Himmel aufstieg, hielten viele Leute den Atem an. Schon nach 18 Minuten musste das LZ 1 auf dem Bodensee notlanden. Trotzdem: Das Zeitalter der Zeppeline hatte begonnen. Bis 1938 wurden 119 gebaut. Benannt wurde das längliche, zigarrenförmige Luftschiff nach seinem Erfinder, dem Deutschen Ferdinand Graf von Zeppelin. Das Bauprinzip ist einfach: Die Hülle des Zeppelins wird mit einem Gas befüllt, das leichter ist als Luft. Dadurch erhält der Zeppelin Auftrieb und schwebt wie ein großer Luftballon in den Himmel. Für den Antrieb sorgen Propeller. Nachdem 1937 ein riesiger Zeppelin, die Hindenburg, abgestürzt war, wurde die Luftschifffahrt für viele Jahrzehnte eingestellt. Heute baut man kleinere Luftschiffe als früher. Traurig: Im Juni fing ein kleines Luftschiff bei einer Veranstaltung in Hessen Feuer und stürzte ab. Der Pilot kam ums Leben.

2 Schreibe Stichwörter zu den vier Überschriften auf vier Karteikarten.

| Das ist ein Luftschiff | Das erste Luftschiff |
| Einsatzbereiche von Luftschiffen | Das große Unglück |

Diese Fragen helfen dir dabei:

Was ist ein Luftschiff?
Wie ist es gebaut?
Wie funktioniert es?
Warum sagt man zu Luftschiffen auch Zeppelin?

Wann wurde das erste Luftschiff gebaut?
Wer hat es gebaut?
Wie schnell war es?
Wie war der erste Flug?

Wozu wurden Luftschiffe früher verwendet?
Wozu werden Luftschiffe heute verwendet?

Wann passierte es?
Wie hieß das Luftschiff?
Was passierte danach mit der Luftschifffahrt?

Die vier Karteikarten sind meine Spickzettel.

3 Bereite einen kurzen Vortrag zum Thema **Zeppelin** in eigenen Worten vor. Nutze dazu deine Notizen aus **2**. Übe ihn mehrmals.

2 Ein Informationsplakat gestalten

1

2 Einen Zeitungsartikel lesen und verstehen

1 Lies den Zeitungsartikel mit den markierten Lupenwörtern.

Verfängliche Linien

Jeder Fingerabdruck ist einzigartig – doch warum haben die Finger überhaupt Rillen?

VON REGINE WARTH

Diese Linien und Buchten, Schlaufen und Rillen sind einzigartig – und damit sehr verräterisch. Jeder Mensch kann an den sogenannten Papillarlinien an seinen Fingern und auf der Handinnenfläche ausgemacht werden. Das ist der Grund, warum beispielsweise Diebe Handschuhe tragen, wenn sie etwas stehlen – damit ihnen keiner auf die Schliche kommt. Erst recht nicht die Polizisten, die an Tatorten vor allem nach einem suchen: nach verräterischen Fingerabdrücken. Schuld an dem verfänglichen Muster der Finger, das jeder Mensch auf allem hinterlässt, was er anfasst, ist eine Mischung aus Schweiß, Fett und Talg. Wie Stempel drücken die Finger bei jeder Berührung diese fast unsichtbare Mischung auf Türklinken, Stuhllehnen und Becher – und damit auch das Muster der Fingerrillen. Es braucht lediglich etwas Rußpulver, das Polizisten mit einem Pinsel auftragen, um den Abdruck sichtbar zu machen. Denn das Gemisch aus Talg und Schweiß wirkt wie ein Klebstoff, an dem das feine Pulver hängen bleibt. So braucht die Polizei nur vergleichen, zu welchem Langfinger der Abdruck passt.

Die Muster eines jeden Fingers sind einmalig, man kann sie nur einem Menschen zuordnen

Daktyloskopie nennt sich das Fachwort für dieses Verfahren, was aus dem Griechischen übersetzt nichts anderes als „Fingerschau“ bedeutet. Und an Vergleichen für diese Fingerschau mangelt es nicht: Das Bundeskriminalamt hat eine Fingerabdruck-Sammlung von mehr als drei Millionen Personen. Doch so einfach das Verfahren eigentlich ist, die Menschen anhand ihrer Fingerabdrücke zu erkennen, so lange hat es gedauert, bis es überhaupt erst entdeckt wurde. Erst Ende des 19. Jahrhunderts, im Jahr 1888, bewies der englische Wissenschaftler Francis Galton die Einmaligkeit der Fingerrillen. Dank seiner Forschung war klar, wie gering die Wahrscheinlichkeit ist, dass sich die Fingermuster zweier Menschen gleichen können. Sie liegt bei 1 zu 64 Milliarden, also 1 : 64 000 000 000. Wissenschaftlich gesehen passiert das also nie. Ein Grund, warum manche Türen in großen Firmen oder Banken sich nur per Fingerabdruck öffnen lassen: Ein Computer fotografiert die Papillarlinien ab und gibt den Weg nur frei, wenn das Muster mit einem der gespeicherten Fingerabdrücke übereinstimmt.

Schuhe haben ein Profil, damit man nicht ausrutscht, auch die Fingerrillen geben mehr Halt

Jeder Finger hat seinen unverwechselbaren Abdruck, der sich auf keinem anderen Finger wiederholt – nicht mal auf denen der eigenen Hand. Inzwischen wissen Wissenschaftler, dass sich die Muster der Finger schon entwickeln, wenn der Mensch noch nicht mal auf der Welt ist, sondern noch als winziges Embryo im Bauch der Mutter liegt. Ob die Rillen sich gabeln, Schlaufen drehen oder zu Wirbeln werden, entscheidet sich rein zufällig. Eine Laune der Natur, sagen daher manche zu diesem Vorgang. Dabei hat sich die Natur schon etwas gedacht, als sie die Fingerkuppen mit einem Muster überzog. Wie Autoreifen oder Schuhsohlen ein Profil besitzen, um nicht ins Rutschen zu kommen, so haben auch die Finger dank ihrer Rillen einen sicheren Griff. Das war vor Jahrtausenden noch wichtig, als die Vorfahren der Menschen noch durch die Bäume turnten. Und auch heute kann jeder Zoobesucher die Griffsicherheit bewundern – wenn er vor dem Affengehege steht. Denn Schimpansen oder Gorillas haben ebenfalls Papillarlinien an Händen und Füßen.

Die Rillen loszuwerden ist unmöglich – sie wachsen wieder nach

Ohne diese Linien wären die Menschen zudem heute etwas weniger feinfühlig: Wissenschaftler haben nämlich herausbekommen, dass die Muster an den Fingerkuppen auch dazu dienen, feinste Unebenheiten zu ertasten. Unebene Finger sind einfach empfindlicher als glatte. Jedoch hat schon so mancher versucht, die Rillen einzuebnen – indem er sich die Fingerkuppen wegoperieren ließ. Einer soll sogar der berüchtigte amerikanische Ganove Al Capone gewesen sein. Ohne Fingerrillen, so dachte er sich wahrscheinlich, würde er nie überführt werden können. Doch im Gegensatz zur Polizei lässt sich die Natur nicht austricksen: Die Rillen wachsen nämlich unverändert nach.

2 Finde die Fremdwörter für die Erklärungen A und B im Text und schreibe sie richtig auf.

A So heißen die einmaligen Rillen an den Fingern und auf den Handinnenflächen.

B Das ist das griechische Fremdwort für das Verfahren, einen Fingerabdruck zu nehmen und zu untersuchen.

Heft 4, Seite 17 ②
A: …
B: …

3 Trage mithilfe der Lupenwörter vor, was du in dem Artikel erfahren hast.

→ AH Seite 18

3 Einen Text mit Zahlen verstehen

1 Lies den Zeitungsartikel.

Kinder, Kinder – Immer mehr Menschen leben auf der Erde

Der 11. Juli ist der „Tag der Weltbevölkerung“. Da niemand alle Menschen auf der Erde zählen kann, wird die Weltbevölkerung nur geschätzt. Am 31.10.2011 war der symbolische Geburtstag des siebenmilliardsten – in Zahlen 7 000 000 000* – Menschen. Die meisten Menschen leben in Asien. Dort gibt es vier Milliarden Menschen! Auch in Afrika leben mehr als eine Milliarde Erdenbürger. In Europa sind es nur 739 Millionen. Experten haben ausgerechnet, dass es in Zukunft immer mehr Menschen geben wird. Im Jahr 2050 werden wahrscheinlich rund neun Milliarden Menschen die Erde bevölkern.

Derzeit leben weltweit mehr als 1,8 Milliarden Kinder unter 14 Jahren. Damit stellen sie 27 Prozent der Weltbevölkerung. In Afrika wird es im Jahr 2050 etwa eine Milliarde mehr Menschen geben als heute. Das kommt daher, dass dort sehr viele Kinder geboren werden. In vielen afrikanischen Ländern bilden Kinder einen hohen Anteil an der Bevölkerung. In Mali etwa ist die Hälfte der Einwohner unter 14 Jahre alt.

* 7 Milliarden = 7 000 Millionen

2 Finde zu den Textstreifen passende Informationen im Text und im Diagramm. Schreibe sie in ganzen Sätzen auf.

Heft 4, Seite 18 ②
Es leben insgesamt vier Milliarden Menschen in …
…

- Hier leben vier Milliarden Menschen.
- Dies ist am 11. Juli.
- In diesem Land sind mehr als 50 Prozent der Menschen Kinder.
- In dieser Region leben weltweit die wenigsten Kinder.
- die Hälfte der Einwohner
- 1,8 Milliarden
- 31.10.2011
- 739 Millionen
- 2050

3 Bilder und Überschriften als Hilfe nutzen

So kann ich einen Überblick über unbekannte Texte bekommen:

1. Ich lese die **Überschrift** und schaue mir die **Bilder** an.
   Das gibt mir erste Informationen über den Textinhalt.
2. Ich lese die **Zwischenüberschriften**. Eine Zwischenüberschrift informiert oft über den Inhalt des folgenden Absatzes.
3. Ich überfliege die **Absätze**.
   Damit ein Text übersichtlich wird, ist er in deutlich voneinander getrennte Teile, die Absätze, gegliedert.
   In einem Absatz steht, was inhaltlich zusammengehört.
   Ich rutsche mit den Augen von Zeile zu Zeile und lese nicht jedes Wort.

1 Bearbeite die Aufgaben a) bis c) der Reihenfolge nach.

a) Lies nur die Überschrift des Textes auf Seite 20.
Schreibe sie auf.

b) Schreibe jetzt auf, worum es deiner Meinung nach in dem Text geht.

c) Sieh dir die Bilder an. Wähle die passende Bildunterschrift aus und schreibe sie auf.

Heft 4, Seite 19 ①
a) Überschrift: Die ...
b) Es geht in dem Text um ...
c) Bild 1: Ein ...

1

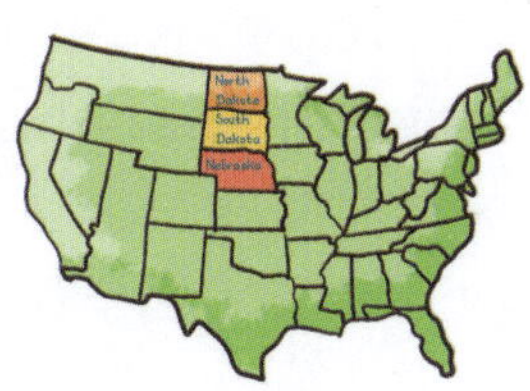
2

3

4

1	2	3	4
Ein Indianerzelt	Ein Stadtplan	Ein Häuptling	Nahrungsmittel
Ein Igluzelt	Eine Landkarte	Eine Indianerin	Waffen/Kleidung
Eine Rundhütte	Ein Netzplan	Ein Bleichgesicht	Lederwaren

Absätze als Orientierungshilfe nutzen

Die Herren der Prärie

Die Lakota-Indianer gehören zum großen Stamm der „Sioux“. Früher besiedelten sie die weiten Präriegebiete der US-Bundesstaaten Nebraska und Dakota. Noch heute leben sie in kleinen **Reservaten** in Nordamerika.

Über mehrere Jahrhunderte hinweg lebten die Lakota in völligem Einklang mit der Natur. Sie jagten Wapiti-Hirsche, fingen Rotwild oder gingen mit dem Kanu auf Biber- oder Entenjagd. Um größere Mengen Fleisch zu beschaffen, war für die Lakota der Bison das wichtigste Beutetier. Mehrere Indianerstämme schlossen sich zusammen und zogen gemeinsam auf Bisonjagd. Als die Indianer noch keine Pferde besaßen, umzingelten sie kleinere Bisonherden und trieben die Tiere in die Enge, um sie leichter erlegen zu können. Später fand die Treibjagd mit Pferden statt. Dies hatte den Vorteil, dass die Lakota die Herden auf größere Entfernung ausmachen und den Tieren auf längere Zeit folgen konnten.

Ihre Beute war für den Eigenbedarf. Dabei wurde nichts verschwendet. Das Bisonfleisch diente als Nahrung. Was die Lakota nicht gleich verbrauchten, wurde getrocknet und als Wintervorrat zu **Pemmikan**[1] verarbeitet. Die dicken Felle wurden zu Kleidung verarbeitet. Die strapazierfähigen Häute dienten zur Abdeckung der Zelte oder als Leder für **Mokassins**. Aus den Knochen und Hörnern fertigten sie Pfeilspitzen, Waffengriffe oder Ackergeräte. Die Därme verarbeiteten sie zu Schnüren und Bogensehnen.

Lakota-Indianer lebten wie **Nomaden** und wanderten über die großen Ebenen. Dabei zogen sie ihren Besitz mit Pferden von einem Lagerplatz zum anderen. Ihre Lager bestanden aus **Tipis**, die in einem großen Kreis aufgestellt waren. So ein Zelt bestand aus mehreren Stangen, die mit Bisonhäuten bedeckt wurden. In der Mitte unter der Öffnung befand sich eine Feuerstelle. Der Rest des Tipis war mit Planen und Fellen ausgelegt. Bemalt wurde das Tipi mit Naturfarben aus Beeren, Rinde oder Erde.

Fremdwörter werden oft mit **Fußnoten** (Wort[1] oder Wort*) versehen. Die Worterklärung steht dann unter dem Text.

1 Pemmikan: getrocknetes, dünnes Fleisch, das zerstoßen und mit Fett und Beeren vermischt wird

3

1 Lies den Text auf Seite 20 und beantworte folgende Fragen.

a) Welches Bild auf Seite 19 passt nicht zum Textinhalt?

b) In wie viele Absätze ist der Text gegliedert?

c) Welches Bild passt zu welchem Absatz? Ordne die verbleibenden drei Bilder richtig zu.

> Heft 4, Seite 21 ①
> a) Bild Nr. …
> b) Der Text ist in …
> c) Bild 1 – Absatz ___ …

2 Der zweite Absatz hat kein Bild. Zeichne ein passendes Bild zu diesem Absatz.

> Heft 4, Seite 21 ②
> …

3 Finde Zwischenüberschriften für die Absätze.

a) Wähle aus:

zu Absatz 1:
Leben in den Vereinigten Staaten von Amerika oder
Der Lebensraum der Lakota

zu Absatz 2:
Heutige Jagdmethoden der Lakota-Indianer oder
Beutetiere und Jagd

b) Formuliere für die Absätze 3 und 4 eigene Zwischenüberschriften.

> Heft 4, Seite 21 ③
> zu Absatz 1: …
> …

4

3 Sich im Text orientieren: Fremdwörter verstehen

1 Im Text über die Lakota auf Seite 20 sind Fremdwörter **fett gedruckt**.

a) Lies die Fußnote des Textes. Schreibe mit eigenen Worten eine Erklärung für das Wort auf.

b) Ein Fremdwort wird im Text bereits erklärt. Finde es und schreibe die Erklärung in dein Heft.

Heft 4, Seite 22 ①
a) Pemmikan ist …
b) …
c) Prärie: …

c) Schlage in einem Lexikon die folgenden Wörter nach. Lies die Wortbedeutungen und schreibe eine für dich verständliche Erklärung auf.

Prärie

Reservat

Mokassin

Nomaden

2 Wähle aus, welche Worterklärung stimmt.

Heft 4, Seite 22 ②
„in völligem Einklang mit der Natur" bedeutet …

In den Zeilen 4 und 5 steht, dass die Lakota in völligem Einklang mit der Natur lebten.

Dies bedeutet: musikalisch

angepasst und umweltschonend

unabhängig

In Zeile 13 steht, dass ihre Beute nur für den Eigenbedarf war.

Dies bedeutet: nur für sich selbst bestimmt

nur für die Tiere bestimmt

nur zum Verkauf bestimmt

3 Einen Text überfliegen

1 Lies nur die farbigen Wörter.
Entscheide, welches Bild zum Text gehört.

Es begann alles völlig harmlos. Wir entdeckten eine verstaubte Holzkiste, auf der eine sorgfältig eingravierte Aufschrift prangte: „Graviton, Alphonse Cailletet". Alphonse Cailletet war unser Großvater. Das da ist ein Bild von ihm. Véronique hat es gemalt, es sieht ihm wirklich sehr ähnlich. Großvater war ein richtig guter Konstrukteur[1] und Erfinder. In seinen jungen Jahren rissen sich die Firmen um Großvaters Dienste; dank seiner technischen Begabung konnten er und Großmutter ein gutes Leben führen. Als er älter wurde, verkaufte er einen Großteil seines Besitzes. Beide zogen aufs Land, wo Großvater sich ganz der Forschung widmete. Sein unermüdlicher Wille, etwas zu erfinden, und sein zurückgezogenes Leben führten dazu, dass die Leute tuschelten, er sei verrückt oder zumindest ein großer Exzentriker[2]. Fairerweise muss man erwähnen, dass auch Großmutter so etwas manchmal über ihn sagte. All sein Erfinden nahm dann ein trauriges Ende: 1929 verschwand Großvater unter mysteriösen[3] Umständen.

Tomas Tuma

1 Konstrukteur: Tüftler, Erbauer
2 Exzentriker: unangepasster, schöpferischer Mensch, der sich von anderen Menschen bewusst unterscheiden möchte
3 mysteriös: geheimnisvoll, unerklärlich

2 Entscheide mithilfe der farbigen Wörter, welche Aussagen über Alphonse Cailletet stimmen. Schreibe sie auf.

Heft 4, Seite 23 ②
b) Die Leute …
…

a) Alphonse war wenig technisch begabt.

b) Die Leute hielten ihn für verrückt.

c) Er war der Onkel von Véronique.

d) Er erfand allerlei Dinge.

e) Im Jahre 1929 verschwand Alphonse.

f) Er konstruierte ein Graviton.

3 Decke den Text ab. Schreibe auf, was du über Alphonse weißt.

Heft 4, Seite 23 ③+④
…

4 Lies nun den gesamten Text und überprüfe, wie viele der farbigen Wörter du verwendet hast. Unterstreiche sie.

3 Wichtige Wörter in einem Text finden

Alphonse Cailletet ist der Erfinder eines seltsamen Flugobjekts.
Seine drei Enkel entdecken nicht nur die Baupläne eines Gravitons, sondern in einem geheimen Raum auch die sonderbare Flugmaschine selbst.

1 Lies die Textabschnitte und bearbeite der Reihenfolge nach die Aufgaben a) bis c).
Lass immer eine Zeile frei.

a) Die Lupen in den Textabschnitten A und B kennzeichnen wichtige Wörter. Dies können einzelne oder mehrere Wörter sein. Schreibe sie auf.

b) Die Lupen in den Textabschnitten C und D stehen neben den Zeilen. Jede Lupe weist auf eine wichtige Wortstelle in der Zeile hin. Finde die Stelle. Schreibe sie auf.

c) Die Lupen in den Textabschnitten E und F weisen auf die Anzahl der wichtigen Wortstellen hin. Finde die Stellen. Schreibe sie auf.

Heft 4, Seite 24/25 ①+②
a) A: Der Propeller
Rotoren, ...
B: ...
...
b) C: ...
Erfindung, Gold wert, ...
D: ...
...
c) E: ...
Gerät, exakte Position, ...
F: ...
...

A

Die Rotoren werden per Elektromotor angetrieben, dessen Batterie von einem Dynamo geladen wird.

B

Die Ausstattung im Graviton war einfach, aber bequem. Es gab zwar nur zwei Kojen, Doch das störte nicht, weil immer einer von uns am Steuerruder sein musste.

C

Diese Erfindung war ihr Gewicht in Gold wert. Als wir die Pläne studierten, konnten wir uns nicht im Entferntesten die fantastischen Bilder vorstellen, die uns dieses Sichtinstrument bieten würde. Wie mit Röntgenstrahlen konnte man damit direkt in Dinge hineinsehen.

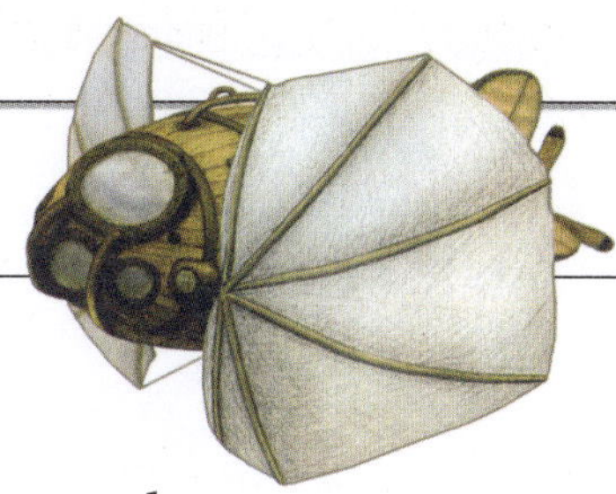

D

Gemäß den Plänen konnten die Segel an Steuer- und Backbord längsseits des Fahrzeugs aufgespannt werden.

E

Das Gerät gab die exakte Position des Gravitons an. Wir sind nie hinter das Funktionsprinzip gekommen. Aber es war absolut zuverlässig.

F

Großvaters Erfindung ließ sich von dieser Instrumententafel aus bedienen.

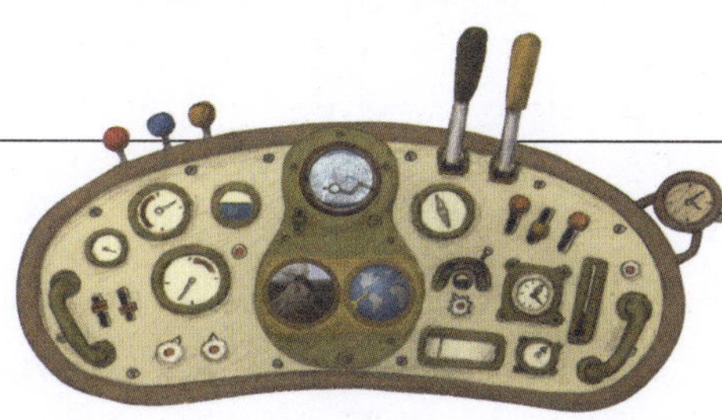

Tomas Tuma

2 Ordne die Überschriften den Absätzen aus 1 zu. Schreibe sie in die freien Zeilen.

Die Instrumententafel | Die Unterkünfte | Das Terrameter

Das Alphonsoscope | Die Seitensegel | Der Propeller

→ AH Seite 24, Seite 25

4 Eine Sage verstehen

Eine **Sage** ist eine **Geschichte mit einem wahren Kern.**
Sie erzählt von echten Orten und bestimmten Personen. Manches davon ist wahr, aber viele Dinge wurden fantasievoll dazu erfunden. In einer Sage können Tiere sprechen und es gibt Menschen mit übernatürlichen Kräften. Diese haben manchmal magische Gegenstände.
Es gibt den Erdteil Europa und die Insel Kreta, aber die Verwandlung des Gottes Zeus in einen Stier wurde erfunden.

1 Lies die Sage aus Griechenland.

Europa

Eros, der Gott der Liebe, war ein vergnügter Gott und immer zu einem Späßchen aufgelegt. Er schleuderte seine Liebespfeile kreuz und quer durch die Welt, so wie es ihm gerade einfiel. Diese Liebespfeile wirkten Wunder.

Jeder, der von ihnen getroffen wurde, musste sich sofort verlieben.

Einmal schoss Eros einen Pfeil auf Zeus ab, als dieser gerade zur Erde hinunterblickte und die Menschen beobachtete.

In dem Moment, in dem ihn der Pfeil traf, hatte er ein Auge auf Europa, die Tochter des Königs Agenor, geworfen. Europa war eine schöne junge Frau und Zeus entflammte sofort in unsterblicher Liebe zu ihr.

Zeus war jedoch um seinen Ruf als Hauptgott besorgt und er wusste natürlich, wie eifersüchtig seine Frau war.

Er überlegte.

Als er bemerkte, dass Hera schlief, rief er schnell die anderen Götter zu sich.

„Hiermit gebe ich bekannt“, verkündete er, „dass jeder Gott neben seiner himmlischen Gemahlin auch eine irdische Frau heiraten kann. Auf diese Weise kann jeder von uns auch irdische Kinder bekommen. Das wird den Menschen guttun, denn dann können sie uns etwas ähnlicher werden.“

Mit diesen Worten nahm Zeus die Gestalt einer Wolke an und schwebte zur Erde.

Europa spielte gerade mit ihren Freundinnen auf einer Wiese in der Nähe des Königspalastes Ball.

Nebenan weidete friedlich eine Herde Rinder. Zeus schlüpfte aus seiner Wolke und verwandelte sich in einen bildschönen Stier. Sein Fell schimmerte wie Gold, darunter zeichneten sich prächtige Muskeln ab. Die Hörner blitzten wie pures Silber.

„Schaut mal, was für ein herrlicher Stier!“, riefen die Ball spielenden Mädchen.

„Europa, schau, so etwas Schönes hast du bestimmt noch nicht gesehen!“

Der Stier kam noch näher. Er ließ sich von den Mädchen streicheln und legte sich zu ihren Füßen nieder. Er machte „Muh“ und es klang wie Musik.
Die Mädchen errieten, was der Stier wollte: „Er will, dass du auf ihm reitest, Europa.“ Ohne zu zögern, kletterte die Königstochter auf den Rücken des Stiers.
Jetzt erhob sich das stattliche Tier und machte behutsam einige Schritte.
Doch mit einem Mal lief er immer schneller und schneller.
Europa fühlte sich wunderbar. „Lauf weiter, mein Stier“, rief sie. „Bring mich, wohin du willst.“ Der Stier galoppierte zum Meeresstrand. Dort machte er aber nicht halt, sondern stürzte sich in die Fluten. Doch seltsam, kein Wassertropfen bespritze Europa. Stundenlang schwamm der Stier, bis sie endlich eine Insel erreichten.
Der Stier ging an Land und ließ Europa absteigen. Nun verwandelte sich Zeus wieder. Aus dem herrlichen Stier wurde ein herrlicher junger Mann, der sagte zu Europa: „Wir sind auf der Insel Kreta. Hier bin ich der König. Wenn du willst, kannst du meine Königin werden. Wenn nicht, bringe ich dich zu deinem Vater zurück.“
„Ich will hierbleiben und so oft wie möglich mir dir zusammen sein“, sagte Europa.
So wurde Europa die Königin von Kreta. Immer wenn Zeus nichts auf dem Olymp [1] zu tun hatte, besuchte er sie.
Europa wurde sehr alt.
Aber irgendwann musste auch sie sterben, denn sie war ein Mensch.
Ihren Tod konnte selbst Zeus nicht verhindern.
Lange überlegte er, wie er Europa unsterblich machen könnte. Schließlich beschloss er, einen Erdteil nach seiner geliebten irdischen Gattin zu benennen.
Seither heißt der Erdteil, in dem Griechenland liegt, Europa.

Dimiter Inkiow

1 Olymp: Auf diesem Berg wohnten der Sage nach die griechischen Götter.

2 Die Bilder erzählen die Sage von Europa.
Bringe sie in die richtige Reihenfolge
und du bekommst ein Lösungswort.

Heft 4, Seite 27 ②
K...

4 Zu Aussagen passende Textstellen finden

1 Finde zu den Behauptungen die passenden Aussagen im Text.

Heft 4, Seite 28 ①
a) ...
b) ...
c) ...
d) ...

a) In Zeile 3 steht, dass Eros' Pfeile Wunder wirkten. Welches Wunder ist gemeint? Schreibe den Satz auf.

b) Zeus beschließt, dass jeder Gott im Himmel und auch auf der Erde eine Frau und Kinder haben darf. Wie begründet er dies? Lies in den Zeilen 16 und 17. Schreibe auf.

c) Auf Seite 26 steht, dass Zeus sich in einen bildschönen Stier verwandelte. Wie sah er aus? Schreibe zwei Sätze auf.

d) In der Sage steht, dass Zeus Europa oft besuchte. Schreibe auf, wann er kam.

2 Entscheide, welche Bedeutung die Wörter im Text haben.

Heft 4, Seite 28 ②
a) Gemahlin bedeutet ...
b) ...

a) Zeile 15: Gemahlin bedeutet

- Dienerin
- Ehefrau
- Freundin

b) Zeile 15: irdisch bedeutet

- auf der Erde
- aus Irland
- aus Erde

c) Zeile 30: stattlich bedeutet

- prunkvoll
- groß gewachsen
- dick

d) Zeile 30: behutsam bedeutet

- schwungvoll
- in Windeseile
- vorsichtig

4 Eine Fabel verstehen

Fabeln sind **kurze lehrreiche Geschichten**, in denen oft zwei Tiere die Hauptfiguren sind. Die Tiere sprechen und handeln wie Menschen. Sie stehen für bestimmte menschliche Eigenschaften,
z. B. ist der Wolf grimmig, der Löwe mächtig und das Schaf dumm.

1 Lies die Fabel.

Rabe und Fuchs

Ein Rabe hatte einen Käse gestohlen, flog damit auf einen Baum und wollte dort seine Beute in Ruhe verzehren. Da es aber der Raben Art ist, beim Essen nicht schweigen zu können, hörte ein vorbeikommender Fuchs den Raben über dem Käse krächzen. Er lief eilig hinzu und begann den Raben zu loben: „O Rabe, was bist du für ein wunderbarer Vogel! Wenn dein Gesang ebenso schön ist wie dein Gefieder, dann sollte man dich zum König aller Vögel krönen!“ Dem Raben taten diese Schmeicheleien so wohl, dass er seinen Schnabel weit aufsperrte, um dem Fuchs etwas vorzusingen. Dabei entfiel ihm der Käse. Den nahm der Fuchs behänd, fraß ihn und lachte über den törichten Raben.

nach Äsop

2 Finde jeweils vier Eigenschaften, die zu Fuchs und Rabe passen.

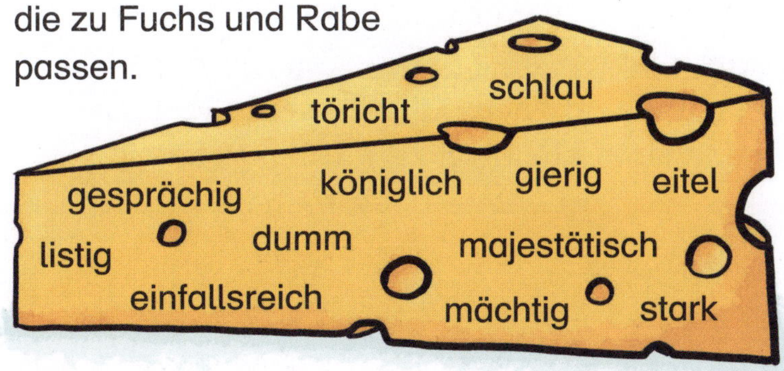

Heft 4, Seite 29 ②
Rabe: eitel, …
Fuchs: …

3 Der Fuchs beschönigt die Wirklichkeit und schmeichelt so dem Raben. Schreibe in die Tabelle, was der Fuchs zum Raben sagt. Überlege, wie ein Rabe tatsächlich aussieht und wie er sich anhört.

Heft 4, Seite 29 ③

	Schmeichelei	Wirklichkeit
Aussehen	wunderbar	…
Gefieder	…	…
Stimme	…	…

Von Fabeltieren lernen

Oft steht am Ende einer Fabel eine **Lehre** (Moral).
Manchmal muss man sie auch selbst finden.
Der **Leser kann** aus der Lehre einer Fabel **etwas lernen**.

1 Lies die Fabel.

Der Affe als Schiedsrichter (aus Korea)

Ein Hund und ein Fuchs erblickten gleichzeitig eine schöne große Wurst, die jemand verloren hatte, und nachdem sie eine Weile unentschieden darum gekämpft hatten, kamen sie überein, mit der Beute zum klugen Affen zu gehen. Dessen Schiedsspruch[1] sollte gültig sein.
Der Affe hörte die beiden Streitenden aufmerksam an. Dann fällte er mit gerunzelter Stirn das Urteil: „Die Sachlage ist klar. Jedem von euch gehört genau die halbe Wurst!“ Damit zerbrach der Affe die Wurst und legte die beiden Teile auf eine Waage. Das eine Stück war schwerer. Also biss er hier einen guten Happen ab. Nun wog er die Stücke von neuem. Da senkte sich die andere Schale; happ-schnapp, kürzte er auch diesen Teil. Wiederum prüfte er sie auf Gleichgewicht, und nun musste wieder die erste Hälfte ihr Opfer bringen. So mühte der Affe sich weiterhin, jedem sein Recht zu schaffen. Die Enden wurden immer kleiner und die Augen von Hund und Fuchs immer größer. Schließlich, rutsch-futsch!, war der Rest hier und dort verschlungen.
Mit eingeklemmten Ruten[2] schlichen Hund und Fuchs in verbissener Wut davon. In gehöriger Entfernung fielen sie übereinander her und zerzausten sich.

1 Schiedsspruch: Entscheidung
2 Rute (in der Jägersprache): Schwanz bei Raubwild und Hunden

2 Fabellehren sind oft Sprichwörter. Entscheide, welche Lehre der Hund und der Fuchs aus dem Erlebnis ziehen.

→ AH Seite 31, Seite 32, Seite 33

4 Eine Fabel szenisch darstellen

1 Lest die Fabel mit verteilten Rollen.

Der Igel und der Maulwurf

: *(steht zitternd vor der Höhle des Maulwurfs)* Lieber Maulwurf, hilf mir bitte! Der Winter naht und ich spüre schon die Kälte. Darf ich mit dir zusammen in deiner Höhle wohnen?

: *(überlegt)* Gut, ich bin einverstanden. Tritt ein.

: *(zieht ein, schaut sich um und macht es sich bequem)* Ahhh, mollig warm hast du es hier! Das gefällt mir. Die Wärme tut meinen steifen Gliedern gut.

: *(lächelt):* Fühl dich wie zu Hause, mein Freund! Es ist zwar eng, aber zu zweit lässt es sich den eisigen Winter besser aushalten.

: *(macht sich breiter und breiter und sticht dabei pausenlos den Maulwurf mit den Stacheln)* Eng? Nicht im Geringsten. Es ist behaglich und bequem. Ich fühle mich pudelwohl in deiner Höhle.

: *(steht ärgerlich auf und stampft mit dem Fuß)* Jetzt reicht es mir aber! Mir platzt gleich der Kragen! Ich halte das Gepiekse mit deinen Stacheln nicht mehr aus! Zieh bitte wieder aus und suche dir eine andere Bleibe!

: *(lacht laut herzlich):* Wenn es dir hier nicht gefällt, kannst du doch gehen. Ich bin sehr zufrieden und bleibe.

Überlege gut, wen du zu dir nach Hause einlädst.

Wer anderen nicht hilft, hat selbst das Nachsehen.

2 Beantwortet gemeinsam die Fragen.

a) Welche Lehre passt zur Fabel? Begründet eure Meinung.

b) Wie findet ihr das Verhalten des Igels?

c) Wie geht es dem Maulwurf? Beschreibt seine Gefühle.

3 Bastelt nach der Anleitung die Stabpuppen: Zeichnet Igel und Maulwurf auf ein Papier. Schneidet die Tiere aus. Klebt sie mit Klebstoff auf einen Schaschlikspieß. Baut aus einem Schuhkarton eine Höhle.

4 Spielt die Fabel mit den Stabpuppen vor. Ihr dürft dazu noch eigene Sätze einfügen.

5 Sich über eine Autorin informieren

„Bücher sind wie Schokolade“

Die Kinderbuchautorin Cornelia Funke erzählt, warum Lesen lebenswichtig, manchmal aber auch gefährlich ist

Von Regine Warth

Cornelia Funke ist als Kinderbuchautorin zum Weltstar geworden. Ihr Buch „Reckless“ führt gerade die Spiegel-Liste mit den meistverkauften Büchern in Deutschland an. Als sie in Stuttgart zu Gast war, hat sie erzählt, wie sie auf die Idee gekommen ist, Bücher zu schreiben.

Frau Funke, Sie sagen, Sie haben die Geschichte zu „Reckless“ gefunden. Wie findet ein Schriftsteller eine Geschichte?

Die Geschichten finden einen sogar immer selber. Man fragt sich ja, warum von den Tausenden von Einfällen im Laufe des Tages gerade der eine haften bleibt. Und warum sich diese Geschichte durchsetzt, dass man beschließt, ein oder zwei Jahre seines Lebens mit ihr zu verbringen. Deswegen habe ich das Gefühl, die Geschichten finden einen. Bei dem Buch „Reckless“ war es ein bisschen anders: Diese Geschichte hat ein sehr guter Freund für mich gefunden, Lionel Wigram. Er hat mir von dieser erwachsen werdenden Märchenwelt erzählt. Dabei hatte ich mich eigentlich auf ein paar ruhige Jahre eingerichtet. Aber plötzlich stecke ich wieder bis zum Hals in einer Geschichte, die Fortsetzungen will, die wächst und wächst und wächst und ganz groß werden will.

In einer Ihrer Geschichten verschwinden am Ende die Kinder in den Büchern, weil sie nicht mehr die echte Welt erleben wollen. Ist Lesen also gefährlich?

Ich glaube ganz bestimmt, das Lesen gefährlich ist – weil es so unendlich glücklich und Spaß machen kann, dass es manchmal im Übermaß genossen wird. Ein Buch kann den Leser vergessen lassen, dass er spannende Erlebnisse auch im wirklichen Leben haben kann. Er müsste sich diese nur auf andere Art und Weise verschaffen. Ich würde mir genauso viele Sorgen machen, wenn mein Kind immer nur liest und die echte Welt dabei verpasste, als wenn es gar nicht liest. Vielleicht würde ich mir da sogar ein bisschen mehr Sorgen machen.

Wie findet man beim Lesen das gesunde Maß?

Wie findet man das gesunde Maß beim Schokoladeessen? Manchmal muss man vielleicht eine Zeit lang das Mittelmaß verlieren und ganz besessen davon sein. Das Gute ist doch, dass wir schon irgendwann merken, wenn wir uns überfressen. Gerade beim Lesen aber wünsche ich jedem, dass er den Zauber des wirklichen Lebens entdeckt.

STECKBRIEF

Geburtstag:
10.12.1958

Wohnort:
Los Angeles

Cornelia Funke war nicht immer Autorin. Erst hat sie als Erzieherin in Hamburg gearbeitet und an der Universität Illustration studiert. Mit 28 Jahren fing sie an, nicht nur Bücher zu bebildern, sondern zu schreiben. Ihre Bücher „Drachenreiter“, „Herr der Diebe“ und die „Tintenherz“-Reihe wurden in viele Sprachen übersetzt. Ihr neuestes Buch heißt „Reckless“.

1 Lies das Interview mit Cornelia Funke.

a) Cornelia Funke vergleicht Bücherlesen mit Schokoladeessen. Suche den folgenden Satzanfang im Text und schreibe die folgenden drei Sätze ab.

Bücher sollen keine Medizin sein, …

b) Erkläre die Sätze von a) mit eigenen Worten.

Heft 4, Seite 32 ①
a) Bücher sollen keine …
b) …

2 Schreibe auf, welche Vorteile Cornelia Funke bei einem Buch gegenüber seiner Verfilmung sieht.

Heft 4, Seite 32 ②
…

Wie bringt man Kinder zum Lesen?
Es ist immer ganz furchtbar, wenn ich bei Autogrammstunden gebeten werde, in die Bücher hineinzuschreiben: Lies ganz viel! Ich glaube, das ist der beste Weg, dem Kind die Lust am Lesen zu nehmen. Die wollen mit dem Buch ja nicht erzogen werden, sondern zunächst nur Spaß haben. Bücher sollen keine Medizin sein, die man Kindern verabreichen muss. Bücher sollten eher wie Schokolade sein. Die Kinder müssen sich aussuchen dürfen, ob sie die dunkle oder die helle Schokolade lieber mögen.

Wie lange schreibt man an einem Buch?
Immer länger. Ich habe in meinen Büchern so viele Ideen und Bilder schon benutzt, dass ich mir beim Schreiben sagen muss: Schau mal, diesen Konflikt, dieses Gefühl hast du doch schon in einem anderen Buch beschrieben. Das musst du doch jetzt nicht schon wieder tun. Ich muss mich auf die Suche nach Dingen machen, die ich noch nicht erzählt habe. Mein erstes großes Buch „Drachenreiter“ habe ich in einem Jahr geschrieben. Das Buch „Reckless“ hat zweieinhalb Jahre gedauert, obwohl es viel dünner ist. Das lag aber auch daran, dass ich mit einem Engländer zusammengearbeitet habe. Wir mussten jeden Schritt erst übersetzen, bevor wir uns darüber den Kopf zerbrechen konnten. Auf diese Weise ist das Buch von mir auf Deutsch geschrieben worden, aber gleichzeitig schon in seiner englischen Übersetzung entstanden.

Haben Sie auch mal eine Geschichte nicht vollendet?
Das ist schon sehr lange her. Als ich angefangen habe mit Schreiben, habe ich zwei Geschichten nicht zu Ende geschrieben. Eine lief mir aus dem Ruder. Da hatte ich dann irgendwann das Gefühl, ich weiß nicht mehr, wo ich mit ihr hinwill. Und bei der anderen hat mir mein damaliges Lektorat so viele Änderungsvorschläge gemacht, dass ich dachte: Willst du das wirklich alles einarbeiten und sie weiterschreiben? Da habe ich Nein gesagt und es gelassen.

Die beiden Geschichten wollen nicht irgendwann fertig geschrieben werden?
Seltsamerweise nicht. Vielleicht, weil ich die Ideen daraus in anderen Büchern viel besser umsetzen konnte.

Ihre Bücher wurden zum Teil verfilmt. Würden Sie Kindern dennoch raten, lieber zuerst zum Buch zu greifen?
Es ist das Wunderbare, dass man mit einem Buch rund 16 oder 18 Stunden beschäftigt ist, sich dabei seine eigenen Bilder machen kann und die Feinheiten der Geschichte viel besser mitbekommt. Beim Film gibt es das Problem, dass die Geschichte in zwei Stunden erzählt werden muss und dadurch unheimlich viel verändert und gekürzt wird. Man kann den Figuren nicht in den Kopf gucken, so wie im Buch. Man kann nicht die Gedanken lesen oder was gerade in ihren Herzen passiert. Das muss der Schauspieler die ganze Zeit auf seinem Gesicht zeigen. Das klappt eben nicht immer. Manchmal denke ich allerdings: Es ist fast besser, erst den Film zu gucken, weil er nur eine kleine Geschmacksprobe ist – und dann zum Buch zu greifen.

Aber dann kennt man das Ende.
Das ist wahr. Das ist der große Haken dabei.

3 Auf den Seiten 53–55 findest du ein Autorenlexikon. Dort kannst du Informationen über einige Schriftsteller nachlesen, deren Werke im Themenheft Lesen erwähnt werden.

Lies den Lexikonartikel zu Cornelia Funke und stelle die Autorin jemandem vor.

→ AH Seite 39

4

5 Klappentexte Büchern zuordnen

1 Lies die Klappentexte aufmerksam durch.

a) Schreibe auf, was die sechs Bücher gemeinsam haben.

Heft 4, Seite 34 ①
a) Alle sechs Bücher …
b) 2A, …

Eigentlich soll Rico ja nur ein Ferientagebuch führen. Schwierig genug für einen, der leicht den roten Faden verliert – oder war er grün oder blau? Als er dann auch noch Oskar kennen lernt und die beiden dem berüchtigten Entführer Mister 2000 auf die Spur kommen, geht in seinem Kopf alles ganz schön durcheinander. Doch zusammen verlieren sogar die Tieferschatten etwas von ihrem Schrecken. Es ist der Beginn einer wunderbaren Freundschaft. …

A

Bei echten Helden kommt es nicht auf die Größe an! Hamster Neo hat Karate im Blut und Mut in den Pfoten. Egal, ob es um einen raffinierten Brieftaschendieb oder um einen gemeinen Fall von Trickbetrügerei geht – der kleine Karatehamster löst jeden Fall! Zum Glück stehen ihm seine Käfig-Mitbewohner Lee und Chan tapfer zur Seite und zeigen, dass richtige Abenteurer vor keiner Gefahr zurückschrecken, wenn sie das Hamsterherz am rechten Fleck haben!

B

Als Emma in den Sommerferien bei ihrer Großmutter Dolly auf dem Land ankommt, steht ein Geschenk für sie im Stall: Mississippi, die Stute des verstorbenen Nachbarn Klipperbusch. Emma kann ihr Glück kaum fassen! Es dauert jedoch nicht lange, und der unfreundliche Neffe von Klipperbusch will Mississippi unbedingt wiederhaben. (Und das, obwohl er Tiere nicht ausstehen kann und die Stute eigentlich dem Pferdeschlachter überlassen wollte.) Als auch noch ein mysteriöser Erpresserbrief auftaucht, beschließt Emma, der Sache auf den Grund zu gehen.

C

Warum hat Kalle Blomquist, der Meisterdetektiv, nur nicht das Glück gehabt, in London oder Chicago zur Welt zu kommen, wo Verbrechen an der Tagesordnung sind? Stattdessen lebt er in diesem langweiligen Kleinköping in Schweden, wo rein gar nichts passiert! Doch dann geschieht plötzlich ein Juwelendiebstahl und danach reißen die spannenden Fälle für Kalle und seine Freunde Anders und Eva-Lotta nicht mehr ab!

D

Emma ist elf Jahre alt, ziemlich klein für ihr Alter und eigentlich nichts Besonderes. Dachte sie bislang! Doch nachdem sie versehentlich einen ganzen Staatsempfang durcheinandergebracht hat, lässt Geheimdienstchef Ypsilon sie gemeinsam mit dem intelligentesten Mädchen und dem schönsten Jungen der Welt zur Geheimagentin ausbilden! Emma ist begeistert und stürzt sich mit Feuereifer in ihren neuen Job. Doch der wird bald gefährlicher, als Emma ahnt – denn Prinz Yarvis von Minimalien heckt einen fiesen Plan aus …

E

Zum ersten Mal darf Emil allein nach Berlin fahren. Seine Großmutter und seine Kusine Pony Hütchen erwarten ihn am Blumenstand im Bahnhof Friedrichstraße. Aber Emil kommt nicht, auch nicht mit dem nächsten Zug. Während Großmutter und Pony Hütchen überlegen, was nun geschehen soll, hat Emil sich bereits in eine aufregende Verfolgungsjagd gestürzt, immer hinter dem Dieb her, der ihm im Zug sein ganzes Geld gestohlen hat. Zum Glück bekommt Emil bald Unterstützung: von Gustav mit der Hupe und einer Schar gleichaltriger Jungen.

F

b) Ordne die Cover den Klappentexten zu.

2 Zwei der Bücher sind Kinderbuchklassiker, die wahrscheinlich schon manche eurer Eltern oder Großeltern gelesen haben. Schreibe die Titel und Autoren dieser Bücher auf. Schlage dazu auch im Autorenlexikon nach.

Heft 4, Seite 35 ②
1 ... von ...
2 ... von ...

3 Überlege, aus welchem der Bücher dieser Textausschnitt wohl stammt. Schreibe den Titel und die Autorin auf.

Heft 4, Seite 35 ③
... von ...

„Da oben ist schon eine Kamera! Huhuhu!“, schrie Santi und winkte zur Zimmerdecke hoch. Tatsächlich folgte von dort ein surrendes Metallauge jeder unserer Bewegungen. „GGDW heißt Geheimster Geheimdienst der Welt!“, rief ich. In dem Artikel war die Rede davon gewesen, wie viele Steuergelder der GGDW verbrauchte, ohne Erfolge vorweisen zu können, die das viele Geld rechtfertigten. „So ein Quatsch“, sagte Santi. Aber dann sah er mich mit großen Augen an, setzte sich und grübelte. Obwohl er sich dabei kratzte, sah er immer noch umwerfend aus. Ypsilon kam herein. „GGDW? Wofür steht das?“, platzte Santi heraus. „Geheimster Geheimdienst der Welt selbstverständlich“, sagte Ypsilon unschuldig. „Warum?“ „Na bitte!“ Ich verschränkte triumphierend die Arme. Ypsilon stellte uns in einer Reihe nebeneinander auf und räusperte sich. Wir starrten ihn erwartungsvoll an. Er sagte (und weil es so ungeheuerlich ist, schreibe ich das jetzt groß):

„IHR WERDET ZU GEHEIMAGENTEN AUSGEBILDET. IHR SEID DIE ERSTEN JUNIORAGENTEN IN DER GESCHICHTE UNSERES LANDES. HERZLICH WILLKOMMEN, KADETTEN!“

Heft 4, Seite 35 ④
...

4 Wähle ein Buch aus, das du gerne lesen würdest. Begründe.

5 Unterschiede von Film und Buch kennen lernen

1 Lies den Informationstext.

Um aus einem Buch einen guten Film zu machen, muss der Regisseur den Inhalt umgestalten. Denn ein Buch hat die Möglichkeit, auf vielen Seiten eine Geschichte ausführlich zu erzählen, mit Beschreibungen der Orte, der Personen und ihrer Gedanken. Der Leser kann sich Zeit lassen, sich eigene Gedanken machen oder die Lektüre auch immer wieder unterbrechen.
Ein Film dagegen muss in kurzer Zeit die gesamte Handlung abbilden. Für eigene Gedanken ist dabei keine Zeit. Ein Film muss die Geschichte mit Handlungen, Bildern, Musik, speziellen Effekten und vor allem Dialogen darstellen. Manche Szenen, die im Buch besonders schön oder wichtig sind, lassen sich mit filmischen Mitteln überhaupt nicht umsetzen.

Das Kinderbuch „Emil und die Detektive“ von Erich Kästner erschien 1929. Es wurde als Buch und Theaterstück ein großer Erfolg. Es wurde in 27 Sprachen übersetzt und mittlerweile 8-mal verfilmt. Die erste Verfilmung von 1931 gilt auch heute noch als einer der bedeutendsten deutschen Filme der frühen Tonfilmzeit, denn bis 1927 gab es nur Stummfilme, deren Vorführungen meist mit Klaviermusik begleitet wurden. Das erste Mal in Farbe kam die Geschichte 1954 ins Kino.

Wie alle Verfilmungen sind auch die „Emil und die Detektive“-Filme geprägt durch ihre Regisseure und Drehbuchautoren, aber auch durch die Zeit der Aufnahme. So hat die Regisseurin Franziska Buch im Jahr 2000 die Geschichte für die Verfilmung im Jahr 2001 an die heutige Zeit angepasst und stark verändert. Ob dies Erich Kästner wohl gefallen hätte?
Schon 1931 ärgerte sich Kästner so sehr über das Drehbuch, dass es neu geschrieben werden musste. Regie führte damals der Regisseur Gerhard Lamprecht.

2 Ordne die Filmplakate den Jahreszahlen zu, die im Text genannt werden.

A

B

C

Heft 4, Seite 36 ②
A: 19__
B: ...
C: ...

3 Lies die Absätze aus Erich Kästners Roman von 1929. Manche Wörter sind heute nicht mehr zeitgemäß. Übersetze sie in unsere heutige Ausdrucksweise.

Heft 4, Seite 37 ③
Chauffeur: Taxifahrer
Droschke: ...

Doch da saßen die Jungen schon in einem anderen Auto, und Gustav sagte zu dem **Chauffeur**: „Sehen Sie die **Droschke**, die jetzt zum Prager Platz einbiegt? Ja? Fahren Sie hinterher, Herr Chauffeur. Aber vorsichtig, dass er es nicht merkt.“

So ging es die Motzstraße entlang, über den Viktoria-Luise-Platz und die Motzstraße weiter. Ein paar Leute blieben auf den **Fußsteigen** stehen, blickten dem Auto nach und lachten über die komische **Herrenpartie**.

„Ducken!“, flüsterte Gustav. Die Jungen warfen sich zu Boden und lagen wie Kraut und Rüben durcheinander. „Was gibt's denn?“, fragte der Professor. „An der Lutherstraße ist **rotes Licht**, Mensch! Wir müssen gleich halten und der andere Wagen kommt auch nicht rüber.“

Erich Kästner

4 Regisseure verändern nicht nur die Sprache, sondern auch den Inhalt, um einen Film der heutigen Lebenswelt anzupassen. Vergleiche die Texte 1 und 2.

1

ZWEITENS: Frau Friseuse Tischbein, Emils Mutter

Als Emil fünf Jahre alt war, starb sein Vater, der Herr Klempnermeister Tischbein. Und seitdem frisiert Emils Mutter. Und onduliert. Und wäscht Ladenfräuleins und Frauen aus der Nachbarschaft die Köpfe. Außerdem muss sie kochen, die Wohnung in Ordnung halten, und auch die große Wäsche besorgt sie ganz allein. Sie hat den Emil sehr lieb und ist froh, dass sie arbeiten kann und Geld verdienen. Manchmal singt sie lustige Lieder. Manchmal ist sie krank, und Emil brät für sie und sich Spiegeleier. Das kann er nämlich. Beefsteak braten kann er auch. Mit aufgeweichter Semmel und Zwiebeln.

2

Emil und die Detektive

(Film, Schulkinowoche)
BRD • 2001 • Regie: Franziska Buch

Der 12-jährige Emil Tischbein lebt mit seinem allein erziehenden Vater in einer ostdeutschen Kleinstadt. Als sein Vater einen Autounfall hat und im Krankenhaus landet, seinen Führerschein und dadurch auch seinen Job verliert, schickt er Emil nach Berlin. Dort soll er mit der Pastorin Hummel und ihrem Sohn Gustav zwei Wochen seiner Ferien verbringen. Es könnte eine wunderbare Zeit werden, wäre da nicht der Gangster Grundeis, der auf der Zugfahrt Emils Ersparnisse klaut. Bei seinem Versuch, das Geld zurückzubekommen, erhält Emil überraschend Unterstützung von Pony Hütchen und ihrer Kinderbande. Ehe er sich versieht, ist er mit ihnen in halsbrecherische Abenteuer verstrickt ...

Regisseurin Franziska Buch versetzt ihre Adaption des lebendigen wie zeitlosen Stoffes mitten in das quirlige Berlin der Gegenwart.

5 Sich über ein Buch informieren

Um etwas **über ein Buch** zu **erfahren**, kann ich das **Cover** anschauen, den **Klappentext** lesen, aber auch im **Internet** surfen. Viele Informationen finde ich auf den Internetseiten von Verlagen und Buchhandlungen.

1 Betrachte das Cover und lies die Inhaltsangabe.

Der 11-jährige Matti träumt von einem Familienurlaub in der Heimat seines finnischen Vaters, was er mit einer faustdicken Lüge auch erreicht. In Finnland aber finden sich Matti, der kleine Bruder Sami und die Eltern auf einmal ohne Bleibe, Geld und Auto mitten in der finnischen Einöde wieder. Nur ein Wunder kann sie retten – oder Onkel Jussi, der aber mit Mattis Vater in lebenslanger, brüderlicher Konkurrenz verstrickt ist. Ein sommerleichter Roman für Kinder, der durch seinen Wortwitz besticht. Und das ist nicht mal gelogen …

2 Lies nach, wie einige Kritiker das Buch beurteilen. Begründe dann, ob du das Buch gerne lesen würdest oder nicht.

Heft 4, Seite 38 ②
Ich würde das Buch „Matti und Sami“ von …

Presse-/Leserstimmen

„Das ist, neben den vielen Überraschungen, dem liebevollen und dem staubtrockenen Humor, das Schönste an diesem Buch: Es hat viele Themen. Es ist eine wunderschöne Vater-Sohn-Geschichte, eine Familiengeschichte, eine Geschichte über das Lügen mit all seinen Vor- und Nachteilen und vor allem eine Geschichte über den Mut, etwas Neues zu wagen. Und damit ist es eine Geschichte wie das Leben – das hat ja auch mehr als ein Thema.“ *Aus der Jurybegründung zum Luchs des Monats August 2011, Die Zeit/Radio Bremen*

„Dem Autor Salah Naoura ist das Kunststück gelungen, ein schmales Buch mit sehr viel Leben zu füllen.“ *Frankfurter Rundschau*

„Ein sehr amüsantes und liebevoll erzähltes Buch vom Flunkern, das kürzlich eine wichtige Auszeichnung, den Peter-Härtling-Preis, gewonnen hat.“ *Dein Spiegel*

„Naouras moderner Schelmenroman ist mit seinem pippilangstrumpfhaften ‚Ich mache mir die Welt, wie sie mir gefällt‘ ein großes Vergnügen, (…)“ *Frankfurter Allgemeine Zeitung*

3 Schreibe selbst eine Leserstimme zu deinem Lieblingsbuch.

Buchbeurteilungen findest du z. B. auf www.buecher-leben.de und www.kinderbuch-couch.de

Heft 4, Seite 38 ③
…

6 Ein Gedicht rhythmisch vortragen

1 Lies das Gedicht einmal leise.

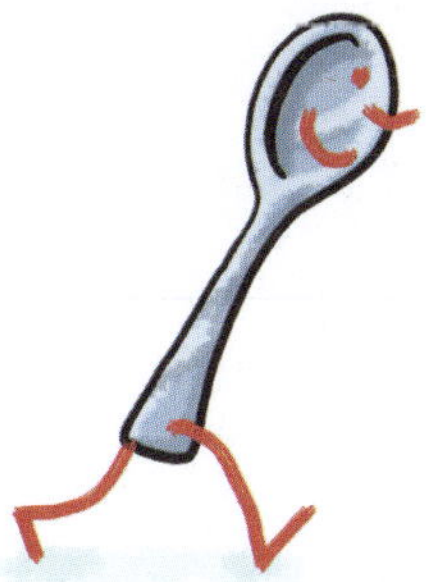

Nach dem Spülen

Und Löffel zu Löffel ins Löffelfach
und Gabel zu Gabel ins Gabelfach
und Messer zu Messer ins Messerfach –
Ach, was für'n Krach!
Wenn ich will, bin ich still.
Und Löffel zu Löffel ins Löffelfach
und Gabel zu Gabel ins Gabelfach
und Messer zu Messer ins Messerfach –
Wenn ich will, bin ich still.
Manchmal, wenn ich lustig bin,
werf ich alles lustig hin:

Und Löffel zu Löffel ins Gabelfach
und Gabel zu Gabel ins Messerfach
und Messer zu Messer ins Löffelfach –
Manchmal, wenn ich lustig bin,
werf ich alles lustig hin.
Manchmal geht es mir so gut,
da packt mich der Übermut:

Und Löffel zu Gabel ins Messerfach
und Gabel zu Messer ins Löffelfach
und Messer zu Löffel ins Gabelfach –
Ach, was für'n Krach!
Wenn ich will –
bin ich still.

Erwin Grosche

2 Lies das Gedicht noch einmal leise.
Klopfe mit dem Fuß, der Hand oder einem Stift passend zu deinem Sprechrhythmus.

3 Lies das Gedicht laut.
Verwende diesmal mehrere Besteckteile oder Stifte und mache passende Bewegungen, um deinen Sprechrhythmus zu unterstützen.

4

6 Besonderheiten eines Hörspiels kennen lernen

In einem **Hörspiel** wird eine **Geschichte mit Tönen und Klängen** erzählt.
Ein **Erzähler** beschreibt die Handlungen oder fasst sie zusammen.
Die **wörtliche Rede** wird mit verteilten Rollen gesprochen.
Geräusche und **Musik** verdeutlichen die Handlung und erzeugen Stimmungen, z. B. Spannung.

1 Lest das kurze Hörspieldrehbuch mit verteilten Rollen vor. Überlegt euch, wie oder womit ihr die passenden Geräusche dazu machen könnt.

Die Uhr schlägt zwölf Mal.

Erzähler: Es ist Mitternacht.
Durch die dunklen Gassen, die nur spärlich von einigen Straßenlaternen beleuchtet werden, läuft eine Frau.
Sie läuft, als ginge es um ihr Leben.

schnelle Schritte, immer lauter, Keuchen

Erzähler: Wenige Meter hinter ihr, folgt ein Mann. Er versucht die Frau einzuholen.

Schnelle Schritte kommen dazu.

Erzähler: Ein Polizeiauto rast um die Ecke und hält.

Bremsenquietschen

Erzähler: Ein Polizist reißt die Tür auf, springt aus dem Wagen und stellt sich dem Verfolger in den Weg.

Polizist *(streng)*: „Halt! Bleiben Sie sofort stehen!"

Erzähler: Doch der Verfolger stößt ihn zur Seite.

Verfolger *(wütend)*: „Mann, aus dem Weg! Wer zuletzt zu Hause ist, muss das Geschirr abwaschen."

noch schnellere Schritte, die sich entfernen

→ AH Seite 50 und Seite 51

6 Eine Ballade mithilfe von Bildern vortragen

1 Lest die Ballade aufmerksam durch.

Ballade vom schweren Leben des Ritters Kauz vom Rabensee

Es war ein alter Ritter,
Herr Kauz vom Rabensee.
Wenn er nicht schlief, dann stritt er.
Er hieß: der Eiserne.

Sein Mantel war aus Eisen,
Aus Eisen sein Habit[1].
Sein Schuh war auch aus Eisen.
Sein Schneider war der Schmied.

Ging er auf eine Brücke
Über den Rhein – pardauz!
Sie brach in tausend Stücke.
So schwer war der Herr Kauz.

Lehnt er an einer Brüstung,
Es macht sofort: pardauz!
So schwer war seine Rüstung.
So schwer war der Herr Kauz.

Und ging nach solchem Drama
Zu Bett er, müd wie Blei:
Sein eiserner Pyjama[2]
Brach auch das Bett entzwei.

Der Winter kam mit Schnaufen,
Mit Kälte und mit Schnee.
Herr Kauz ging Schlittschuh laufen
Wohl auf dem Rabensee.

Er glitt noch eine Strecke
Aufs stille Eis hinaus.
Da brach er durch die Decke
Und in die Worte aus:

Potz Bomben und Gewitter,
Ich glaube, ich ersauf!
Dann gab der alte Ritter
Sein schweres Leben auf.

Peter Hacks

1 Habit: Gewohnheit
2 Pyjama: Schlafanzug

2 Malt abwechselnd zu jeder Strophe der Ballade ein Bild. Schreibt auf die Rückseite den passenden Text.

3 Legt die Bilder in der richtigen Reihenfolge auf einen Stapel. Nehmt nun nacheinander die Bilder, zeigt sie eurem Publikum und tragt dazu den Text auf der Rückseite vor.

6 Textinhalte mit Fotos und Bildern darstellen

Bei einer **Fotostory**[1] wird jeder Abschnitt einer Geschichte mit Bildern erzählt. Damit man die Handlung und die Gefühle der Personen verstehen kann, ist die **Körpersprache** besonders wichtig. Oft gibt es auch **Sprechblasen** wie bei einem Comic.

1 Story (engl.): Geschichte

1 Sieh dir die Bilder an.

a) Finde eine passende Überschrift.

A

B

C

D

E

F

6

b) Ordne die Textaussagen den Bildern zu.
- Die Lehrerin geht an der ganzen Schlange vorbei.
- Ole ist nun der Letzte und ärgert sich.
- Ole steht abseits und spielt Jo-Jo.
- Die Lehrerin zählt die Schüler.
- Ole drängelt sich an den ersten Platz.
- Die Schüler warten vor dem Schwimmbad.
- Die Lehrerin schaut Ole streng an.
- Die Lehrerin stellt sich an das andere Ende der Schlange und führt die Klasse ins Schwimmbad.
- Die Schüler drehen sich um.

Heft 4, Seite 42/43 ①
a) Überschrift: …
b) Bild A: Die Schüler warten
vor dem Schwimmbad.
Die Lehrerin …

② Schreibe auf, was die Personen auf den Bildern sagen oder denken. Benutze die Farben der Sprechblasen.

Heft 4, Seite 43 ②
Bild A: „…“.
„…“
Bild B: „…“

③ Lies den folgenden Witz mit einem Partnerkind. Überlegt, wie ihr ihn in vier Bildern darstellen könnt.

Überlegt, wie ihr zeigen könnt, dass die beiden Geschwister sind. Wahrscheinlich braucht ihr dazu Sprechblasen. Es können natürlich auch zwei Schwestern sein.

Zwei Brüder haben Streit.
Bei ihrer Rauferei geht etwas Wertvolles zu Bruch.
Nun schauen sie mit betretenen Gesichtern zu Boden und überlegen, wer das nun am besten der Mutter beibringt.
Bis der Jüngere aufschaut und meint:
„Das machst am besten du, du kennst sie schon länger!“

a) Zeichnet die Bilder mit Strichmännchen auf vier Blättern auf. Überlegt euch zu jedem Bild Sprechblasen und tragt sie auf den Bildern ein.

b) Stellt eure Bilder als Standbilder stumm nach. Wenn möglich, fotografiert die Szenen, druckt sie aus und fügt Sprechblasen ein.

7 Gedichte ohne Reim untersuchen

1 Lies die sechs reimlosen Gedichte aufmerksam durch.

Biologie
Dieser Baum ist knorrig,
weil er alt ist.
Er ist verzweigt,
weil er viel erlebt hat.
Er ist nicht schön,
aber in seinen Zweigen
ist ein Nest.

Klaus Kordon

Humorlos
Die Jungen
werfen
zum Spaß
mit Steinen
nach Fröschen.
Die Frösche
sterben
im Ernst.

Erich Fried

Der Stein
In meiner Hand
liegt ein kühler Stein.

Meine Hand
wärmt den Stein.

Meine Finger
schließen Freundschaft
mit dem Stein.

Georg Bydlinski

Spur im Sand
Ging da ein Weißer,
ein Schwarzer,
ein Roter?
Der Sand sagt:
Ein Mensch.

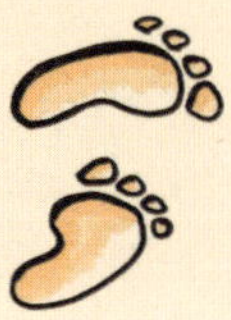

Hans Baumann

Frage
Ich rede
du redest
wir reden
sie reden
Und wer hört zu?

Roswitha Fröhlich

Aufruhr
Das Wasser brodelt
im Kochtopf,
der Blechdeckel
klipperdiklappert.

Josef Guggenmos

2 Wähle ein Gedicht, das dir besonders gefällt. Begründe deine Entscheidung.

Heft 4, Seite 44 ②
Mir gefällt das Gedicht … von …
am besten, weil …

3 Wähle zwei Gedichte aus. Untersuche sie:

- Wie heißt die Überschrift?
- Wie heißt der Autor?
- Wie viele Strophen und Verse hat das Gedicht?
- Was ist das Thema des Gedichts?

Heft 4, Seite 44 ③
Überschrift: …
Autor: …
…

7 Einen Satz als Gedicht aufschreiben

1 Lies das Gedicht. Erkläre den Inhalt einem Partnerkind mit eigenen Worten.

Ein Satz, den man so schreibt, ist kein Gedicht.

Ein Satz,
den man so schreibt,
wird ein Gedicht.

Ein Satz,
den man
so
schreibt, ist ein Gedicht –
so ein Gedicht.

Wenzel Wolff

2 Schreibe selbst ein Gedicht.

a) Wähle einen der Sätze aus und schreibe ihn ab.

Doch von all diesen Welten hatte er am liebsten den Mond.

Nachts stand er am Fenster und sah den Mond über der Keksfabrik aufgehen und langsam in den Himmel steigen.

Und dann denke ich an die beiden Astronauten und denke daran, dass die Spuren, die sie mit ihren großen Stiefeln hinterlassen haben, noch immer da sind, heute Nacht, morgen Nacht, jede Nacht.

Mark Haddon

b) Lies den Satz auf verschiedene Arten vor.

c) Trage deine Sprechpausen mit Schrägstrichen ein.

Heft 4, Seite 45 ②
… / … / …

3 Schreibe den Satz nun als Gedicht auf.
Wenn an einer Stelle eine Pause sein soll, schreibst du in die nächste Zeile.
Wenn du ein Wort besonders hervorheben möchtest, kannst du es auch einzeln in eine Zeile schreiben.

Probiere es auch mit anderen Sätzen.

Heft 4, Seite 45 ③
…

7 Verschiedene Reimmuster kennen lernen

Gereimte Gedichte können unterschiedliche Reimmuster haben.

Über einen grünen Rasen
tollen zweiundzwanzig Hasen,
schlagen Haken kreuz und quer,
etwas Rundem hinterher.

Georg Bydlinski

Paarreim
Paarreim

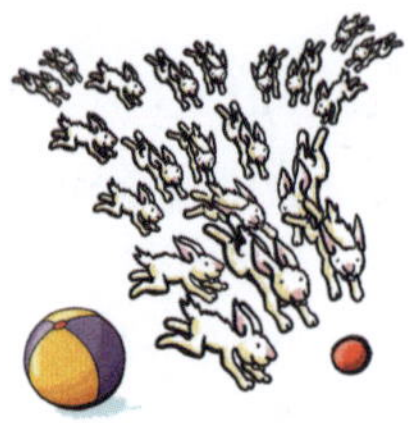

Bei einem **Paarreim** reimen sich immer zwei aufeinander folgende Verse.

Otto ist ein reicher Hund,
er hat vierzehn bunte Schleifen,
sieben Knochen, glatt und rund,
und zwei alte Autoreifen.

Georg Bydlinski

Kreuzreim

Beim **Kreuzreim** stehen die Reimwörter „über Kreuz“, es reimen sich der erste und der dritte Vers sowie der zweite und der vierte.

Manchmal mischen Dichter auch verschiedene Reimmuster.

1 Überprüfe für jedes Gedicht das Reimmuster.

Heft 4, Seite 46 ①
A = Paarreim …

A

Die Katze

So ist die Katze: allzeit rein.
Und wie auf Moos geht sie, so fein.
Da gäbe manche Maus was drum,
hätt jede Katz ein Glöcklein um.

Josef Guggenmos

B

Der Specht

In einen Baumstamm hackt der Specht
ein Nest für seine Jungen.
Der Specht, der kann's! Sein Kopf ist fest,
sonst wär er längst zersprungen.

Josef Guggenmos

C

Das faule Krokodil

Es war ein faules Krokodil,
das lag zwei Monate ganz still.
Dann schlief es sieben Jahre ein
und schließlich schien es tot zu sein.

Joachim Ringelnatz

D

Das Nilpferd

Wer nie ein Nilpferd gähnen sah,
der weiß nicht, wie man gähnen kann.
Denn so aus Herzensgrund Uu-aah!!
kann's keiner, weder Gaul noch Mann.

Josef Guggenmos

→ AH Seite 57

7 Ein Gedicht untersuchen

1 Finde die richtige Reihenfolge der Gedichtstrophen heraus.

Kirschkerne spucken

Gerald Jatzek

* Föhn: warmer, schwacher Wind

2 Schreibe die zwei sprachlichen Besonderheiten heraus, an denen du die Reihenfolge der Strophen erkannt hast.

Heft 4, Seite 47 ②
1. Wind, ...
2. ...

3 Untersuche das Gedicht.

– Wie heißt die Überschrift?
– Wie heißt der Autor?
– Wie viele Strophen hat das Gedicht?
– Wie viele Verse hat das Gedicht?

Heft 4, Seite 47 ③
Überschrift: Kirschkerne spucken
Autor: ...
...

4 Schreibe die Reimwortpaare heraus und untersuche das Reimmuster.

Heft 4, Seite 47 ④
Wind – Kind, ...

5 Lies das Gedicht nun ausdrucksvoll vor, indem du das Kirschkernspucken dazu spielst.

8 Sich in jemanden hineinversetzen

Jule ist geplagt von einem nervösen Hautausschlag, der sofort auflodert, wenn sie gestresst ist. Dass dies kurz nach der Geburt ihrer kleinen Schwester vor sieben Jahren angefangen hat, hält Jule keineswegs für Zufall.

1 Lies den Text aufmerksam durch.

Jule fuhr schnaubend herum. Direkt hinter ihr stand Affi und trällerte das Lied, das sie diese Woche auf dem Spielplatz aufgeschnappt hatte. Es hieß „Das Lästige Lied", und es machte seinem Namen alle Ehre, denn der Trick dabei war, es einfach immer und immer wieder zu singen. Jules Ausschlag breitete sich aus wie ein Lauffeuer, an ihren Armen hoch und an ihren Beinen hinunter. Sie musste etwas tun, ehe sie völlig durchdrehte. Und da gab es nur eines.

2 Schreibe auf, was du tust, um dich zu beruhigen, wenn du kurz vor dem Platzen bist.

Heft 4, Seite 48 ②
Wenn ich kurz vor dem Platzen bin, …

Sortieren. Das war Jules Art, sich zu beruhigen. Während andere Kerzen anzündeten, Musik hörten oder ein heißes Bad nahmen, sortierte Jule die vielen merkwürdigen Sammlungen, die sie in ihrem Zimmer aufbewahrte. Nur um das hier mal festzuhalten, sie besaß:

- eine Radiergummisammlung (143 Stück)
- eine Sammlung getrockneter Cicada-Muscheln (insgesamt 51)
- ein Schreibheft mit einer langen Liste von Nummernschildern (Jedes Auto, das in Jules Straße parkte, wurde in diesem Heft notiert.)
- Anstecker, mit denen hervorragende Teilnahme am Unterricht belohnt wurde (12 bei der letzten Zählung)
- eine Schachtel voll mit benutzen Busfahrkarten (Am Dienstag waren es 67 gewesen.)
- Piranha, ihre fleischfressende Pflanze

Außerdem hatte sie noch eine Reihe winziger Kakteenpflanzen, die sie seit dem Frühling sammelte. Es gefiel ihr, wie die sogar ohne Regen immer weiterwuchsen. Es gefiel ihr, wie die ganz für sich allein zurechtkamen.

Heft 4, Seite 48 ③
…

3 Schreibe eine Liste von deinen Besitztümern. Wähle etwas davon aus, das dir wichtig ist, und begründe, warum.

4 Lies weiter.

Jule zog eine hellblaue Dose hervor. Mit dickem, silbernem Marker hatte sie ihre Anfangsbuchstaben auf den Deckel geschrieben: JJJ, wie drei Angelhaken nebeneinander. In dieser Dose bewahrte Jule ihre Zahnsammlung auf, gebettet auf weißer Watte, damit es die Zähne auch richtig gemütlich hatten. Wie sortiere ich denn heute mal?, überlegte sie. Nach Farbe (weiß, weißlich-gelb, gelblich-weiß, grau), nach Form (dick und viereckig, scharf und spitz, die mit Füllungen, die mit Löchern) oder nach Herkunft (von Papa, Affi, ihr selbst oder ihrer besten Freundin, Betty)? Sie setzte sich im Schneidersitz auf den Teppich und balancierte die Dose auf den Knien. „Ich glaube, nach Form …“ Vorsichtig hob sie den Deckel der Dose und schaute hinein. Die Zähne waren weg!

a) Vermute, was mit den Zähnen passiert sein könnte.

Heft 4, Seite 49 ④
a) Vielleicht …
b) Jule: „…“
d) …

Jule wusste sofort Bescheid: „Affi!“
Kurze Zeit später fand Mama die beiden Schwestern im schönsten Zank. „Warum kannst du deine Pfoten nicht von meinen Sachen lassen?“
„Hä?“ „Ich weiß genau, dass du meine Zähne geklaut hast.“
„Zähne?“ „Jawohl, Zähne! Die aus meiner Sammlung!“
„Ach, diiiiiie“, sagte Affi. „Die hab ich mir ausgeliehen um ein künstliches Gebiss zu basteln.“ „Was?!“ „Mit Knete.“ „Affi!“
„Und Sekundenkleber.“
Jules Haut juckte wie blöd. Sie stieß einen langen, lauten Schrei aus.

b) Jules Mutter ist Psychologin und möchte immer, dass die beiden Schwestern über ihre Gefühle sprechen. Schreibe auf, was Jule wohl über Affi sagt.

c) Lies den letzten Abschnitt. Vergleiche deinen Text mit dem der Autorin.

Jules Haut brannte. Vielleicht wurde es wirklich Zeit, einige ihrer Gefühle beim Namen zu nennen. „Wenn Affi“, presste sie hervor, „sich immer wieder und wieder und wieder, ohne zu fragen, meine Sachen holt, dann fühle ich, dass ich ihr wahnsinnig gern eine reinsemmeln würde.“ „Julia!“, rief Mama. „Das ist wirklich nicht der Sinn dieser Übung.“

Marianne Musgrove

d) Überlege, wie das Gespräch weitergehen könnte.
Versuche eine Lösung zu finden, mit der alle zufrieden sind.

→ AH Seite 62

8 Sich Gedanken zu einem Text machen

Kai wäre eigentlich gern ein ganz normaler Junge. Doch Coolman, den nur Kai sehen kann, begleitet ihn ständig – ob Kai will oder nicht. Und dann sind da auch noch Kais Eltern.

1 Lies Kais Gedanken über seine Eltern aufmerksam durch.

Ich versuche, unbemerkt in mein Zimmer zu gelangen. Als ich mich an der Küchentür vorbeischleiche, sehe ich, wie meine Muter und mein Vater an der Spüle stehen und knutschen. Das tun sie ständig. auch wenn sie nicht gerade für ihre neuen Rollen üben. Meine Eltern lieben sich auch nach zwanzig Jahren noch heiß und innig und das ist noch viel peinlicher als die Schaukel und der Tonhaufen im Vorgarten. Ständig halten sie Händchen und geben sich Küsschen, als wären sie frisch verliebte Teenager. Die meisten meiner alten Schulkameraden in den tausend Klassen, die ich schon besucht habe, hatten da mehr Glück. Deren Eltern waren geschieden.

2 Kai glaubt, man hätte Vorteile, wenn die Eltern geschieden sind.

a) Überlege: Welche Vorteile könnten das sein?

b) Lies weiter und ergänze, was Kai dazu schreibt.

Heft 4, Seite 50 ②
a) ...
b) ...

Die fahren im Sommer zweimal in den Urlaub und zum Geburtstag kriegen sie doppelt Geschenke. Das Beste aber ist: Man kann Mama und Papa toll gegeneinander ausspielen, weil sie sich sowieso nicht mehr leiden können.

Bei meinen Eltern funktioniert das nicht. Die sind immer einer Meinung. Immer. Auch jetzt. Sie haben kurz mit ihrer Knutscherei aufgehört und mich in den nassen Sachen im Flur entdeckt.
„Zieh dich sofort um! Du holst dir noch den Tod“, rufen sie gleichzeitig, und es ist wirklich beeindruckend, wie sie es schaffen, zeitgleich genau dasselbe zu sagen.

Bertram & Schulmeyer

3 Beschreibe die Beziehung von Kais Eltern.

Heft 4, Seite 50 ③
...

→ AH Seite 63

8 Vermutungen zum Textinhalt anstellen

1. Schau das Bild aus Wandas Geheimnotizen an.
Vermute, was passiert ist.

Heft 4, Seite 51 ①
…

2. Lies, was Wanda dazu schreibt:

> Was Schlimmeres hätte mir echt nicht passieren können! Grässlich!
> Nebenan ziehen neue Leute ein.
> Und ausgerechnet *die*. Ich fass es nicht!

3. Lies weiter und überlege:

a) Wer ist Schilling?

b) Warum will Wanda nicht mit Fabian nach Hause laufen?

Heft 4, Seite 51 ③
a) …
b) …

MONTAGMITTAG

Nach der Schule ist es viel schwieriger, Fabian aus dem Weg zu gehen. Erst stand er noch am Schultor rum und schwätzte. Als er dann endlich abgezogen ist, hat er sich dauernd umgedreht.

Deshalb gehe ich jetzt einen blöden Umweg. Dabei habe ich einen Riesenhunger. Schilling, der alte Nasenpopler, sitzt jetzt wahrscheinlich schon beim Essen und ich trabe in der Mittagshitze die Bahnhofstraße runter. Die Welt ist einfach ungerecht.

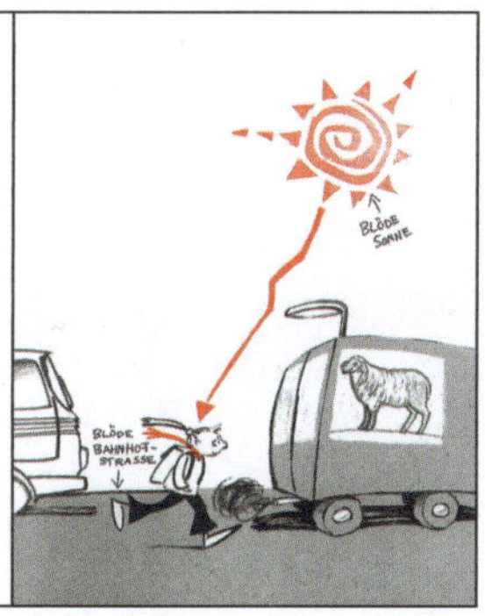

4. Lies Wandas Schimpfwörterliste und beschreibe Fabian mit einem Wort.

FABIAN SCHILLING IST EIN:
(ZUTREFFENDES BITTE ANKREUZEN)

RADIERGUMMISCHONER ×
MÜSLISORTIERER ×
ESELSOHRENBÜGLER ×
PAUSENBROT-AUFESSER ×
MÜTZERICHTIGRUMAUFSETZER ×
!! SENKRECHTMELDER × !!!
HITZEFREIVERHINDERER ×
LEHRERINNENPULTABSCHLECKER ×
TINTENKILLERNIEMALSBENÖTIGER ×
BEI-DER-KLASSENFAHRT-NEBEN-DER-LEHRERIN-SITZER ×

KREIDEAUFHEBER ×
PAUSENGLOCKENÜBERHÖRER ×
SCHULRANZENAUFRÄUMER ×
BUNTSTIFTE-NACH-DER-GRÖSSE-SORTIERER ×
HAUSAUFGABENDOPPELTMACHER ×
SPICKZETTELVERMEIDER ×
! RECHENKÄSTCHENNACHMESSER × !!
MÜLLEIMERAUFRÄUMER ×
SCHNÜRSENKELBÜGLER ×
SCHUHSOHLENABSTAUBER ×

×××

Heft 4, Seite 51 ④
Fabian ist ein …

8 Eine Diskussion über einen Text führen

Eine **Diskussion** ist ein Gespräch, bei dem jeder Gesprächspartner seine **Meinung** zu einem Thema **sachlich vertritt**.

1 Lies den Zeitungsartikel.

Eine für alle
In Deutschland wird über das Thema Schuluniform viel gesprochen. In anderen Ländern, wie beispielsweise Australien, Japan oder Mexiko, ist das Tragen dieser Uniformen hingegen ganz alltäglich.
Hier verlassen alle Schüler mit einheitlicher Schulkleidung morgens das Haus. Je nach Schule und Land tragen Jungen lange oder kurze Hosen mit T-Shirt oder Hemd, dazu einheitliche Socken und meist schwarze Schuhe. Die Mädchen haben stattdessen Kleider oder Röcke mit passenden Blusen an. In kühlen Ländern, wie z. B. Großbritannien, tragen die Schüler noch ein Jackett* darüber. Selbst Halstücher, Haarbänder oder Krawatten gehören in vielen Ländern zur Schuluniform.

* Jackett: Anzugjacke

2 Es gibt Gründe für und gegen das Tragen von Schuluniformen.

a) Ordne die Aussagen.

Der Zusammenhalt der Schüler wird gestärkt.

An der Kleidung erkennt man, wer auf eine einfache oder bessere Schule geht.

Man sieht nicht, welche Familien viel oder wenig Geld besitzen.

Man darf nicht mehr selbst über seine Kleidung entscheiden.

Heft 4, Seite 52 ②

Dafür (Pro)	Dagegen (Contra)
...	An der Kleidung erkennt man ...

b) Ergänze gemeinsam mit einem Partnerkind die Tabelle.

3 Sucht euch eine andere Zweiergruppe und diskutiert über das Thema Schuluniform.

Autorenlexikon

Bertram, Rüdiger (*31.05.1967)

Rüdiger Bertram wurde in Ratingen geboren. Nach seinem Studium arbeitete er als freier Journalist und Schriftsteller. Er schreibt Kurzgeschichten und Drehbücher für Film und Fernsehen. Neben „Coolman und ich" hat er noch weitere erfolgreiche Kinderbücher veröffentlicht. Bevor er diese dem Verlag übergibt, lässt er sie seinen Sohn Probe lesen. „Bei ‚Coolman und ich' war ich immer heilfroh, wenn er an den richtigen Stellen gelacht hat", berichtet Bertram in einem Interview.

Weitere Werke: *Jakob, der Superkicker; Maltes großer Auftritt*

Bydlinski, Georg (*30.05.1956)

Georg Bydlinski wurde in Graz (Österreich) geboren. Er studierte Anglistik und Religionspädagogik an der Wiener Universität. Seit 1982 ist er freier Schriftsteller, er hat bisher rund 70 Bücher veröffentlicht und wurde für seine Arbeiten mehrfach ausgezeichnet. Mittlerweile hat er mehr als 4000 Lesungen für Kinder und Erwachsene gehalten. Seine Bücher wurden in verschiedene Sprachen übersetzt.

Weitere Werke: *Der dicke Kater Pegasus; Der Wünschelbaum*

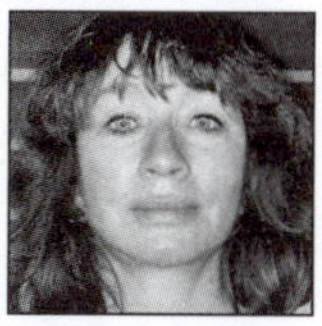

Donnelly, Elfie (*14.01.1950)

Elfie Donnelly wurde in London geboren. Ihr Vater ist Engländer, ihre Mutter Österreicherin. Als Kind zog Elfie mit ihren Eltern nach Wien. Früh begann sie dort mit der Arbeit als Journalistin. Mit 23 Jahren zog sie nach Berlin um und heiratete Peter Lustig aus der TV-Serie Löwenzahn. Für ihr erstes Buch „Servus Opa, sagte ich leise" erhielt sie den Deutschen Jugendliteraturpreis. Neben zahlreichen Büchern verfasste sie auch Drehbücher und Hörspiele, wie z.B. „Benjamin Blümchen" und „Bibi Blocksberg".

Weitere Werke: *Katzen für Mallorca; Elea Eluanda, Sternzeichen Tröstereule*

Funke, Cornelia (*10.12.1958)

Cornelia Funke wurde in Dorsten (Nordrhein-Westfalen) geboren. Als Kind wollte sie Astronautin oder Pilotin werden oder zu den Indianern ziehen. Nach dem Abitur arbeitete Cornelia Funke in Hamburg auf einem Bauspielplatz. Nebenher studierte sie Buchillustration. So kam sie mit 35 Jahren selbst zum Schreiben und verfasste 1988 ihr erstes Buch „Die große Drachensuche". Mit dem Buch „Herr der Diebe" gelang ihr international der Durchbruch. Inzwischen wurden ihre Kinder- und Jugendromane mittlerweile in 37 Sprachen übersetzt. Seit 2002 lebt Cornelia Funke mit ihrer Familie in Los Angeles, USA.

Weitere Werke: *Die wilden Hühner, Tintenherz, Drachenreiter*

Geisler, Dagmar (*30.09.1958)

Dagmar Geisler wuchs in Hessen auf, lebt jetzt in der Nähe von München und schreibt seit 15 Jahren mit wachsender Begeisterung für Kinder und Jugendliche. Als ausgebildete Illustratorin gestaltet sie ihre Bücher selbst und empfindet diese Verbindung als großes Glück. In ihren Illustrationen findet man immer etwas Humorvolles. Auch wenn es ernst wird und dann erst recht.

Weitere Werke: *Chaos-Comics von Luis; Ganz schön aufgeklärt*

Autorenlexikon

Guggenmos, Josef (*02.07.1922, †25.09.2003)

Josef Guggenmos war einer der bedeutendsten deutschen Autoren. Er wurde im Allgäu geboren. Sein Vater war Pfleger in einem Benediktinerkloster und seine Mutter war Schneiderin. Neben seinen vielen Gedichten verfasste Josef Guggenmos Geschichten und naturkundliche Bücher für Kinder. 1967 schrieb er den Gedichtband „Was denkt die Maus am Donnerstag". Dieses Buch machte ihn berühmt und er erhielt dafür den Deutschen Jugendbuchpreis. Viele weitere Preise folgten.

Weitere Werke: *Die Tiere feiern Karneval; Leselöwen-Rätselgeschichten*

Kästner, Erich (*23.2.1899, †29.7.1974)

Erich Kästner wurde in Dresden geboren. Weil das Geld bei den Kästners oft knapp war, vermietete die Familie zwei ihrer drei Zimmer an Untermieter. Das war für den kleinen Erich ein Glücksfall, denn fast alle Mieter waren Lehrer und gaben ihm Bücher zu lesen. Schnell zeigte sich, dass er sehr begabt war. Er beschloss, selbst Lehrer zu werden. Doch ein sehr strenger Lehrer, wie es damals üblich war, wollte er nicht sein. In seinem Werk „Das fliegende Klassenzimmer" setzt er den verständnisvollen Lehrern ein Denkmal. So wäre er gerne selbst als Lehrer gewesen. Im Juli 1974 starb Erich Kästner in München.

Weitere Werke: *Das Schwein beim Friseur; Pünktchen und Anton; Das doppelte Lottchen*

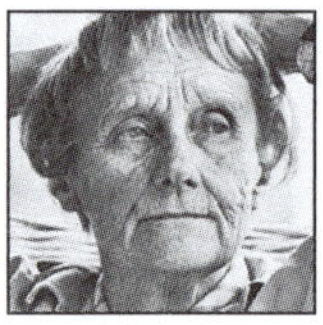

Lindgren, Astrid (*14.11.1907, †28.1.2002)

Die wohl bekannteste Kinderbuchautorin der Welt wurde in Schweden geboren. Sie hat über siebzig Kinder- und Jugendbücher geschrieben, die in sechzig Sprachen übersetzt wurden. Als ihre Tochter Karin einmal krank war, erzählte sie ihr von Pippi Langstrumpf. Später schrieb sie die Geschichte auf. Die Bücher über Michel aus Lönneberga haben ihr am meisten Spaß gemacht. „Als ich das letzte Kapitel schrieb, habe ich geweint. Es war ein schreckliches Gefühl, dass ich Michel nie mehr wiedertreffen sollte." Für ihre Werke erhielt sie zahlreiche Literaturpreise. Sogar ein Weltraum-Asteroid erhielt ihren Namen.

Weitere Werke: *Ronja Räubertochter; Ferien auf Saltkrokan; Wir Kinder aus Bullerbü; Karlsson vom Dach; Die Brüder Löwenherz*

Musgrove, Marianne (*1972)

Marianne Musgrove, in Sydney (Australien) geboren, studierte Englisch, Rechtswissenschaften und Sozialarbeit. Ihr Traum war aber schon immer, einmal Autorin zu werden: Ihr erstes Buch, einen romantischen Thriller, schrieb sie schon im Alter von elf Jahren. Bevor sie Schriftstellerin wurde, arbeitete sie in den verschiedensten Jobs, wie z.B. als Tomatenpflückerin, Museumsführerin für Kinder und als Sozialarbeiterin. Als sie ihr erstes Kinderbuch „Der Wunschzauberbaum" veröffentlichte, wurde es mehrfach für Preise vorgeschlagen und 2008 ausgezeichnet.

Weitere Werke: *Als Opa alles auf den Kopf stellte*

Naoura, Salah (* 1964)

Salah Naoura, geboren in Berlin, wo er heute auch lebt, studierte Germanistik und Skandinavistik in Berlin und Stockholm. Er arbeitet seit 1995 als freier Übersetzer und Autor, veröffentlichte mehrere Bilderbücher und Erstlesebücher. Für seine Übersetzungen wurde er mehrfach ausgezeichnet.

Weitere Werke: *Konrad, Krax und das Zeichen der Zebrafrösche; Herr Rot in Not*

Nöstlinger, Christine (* 13. 10. 1936)

Christine Nöstlinger zählt mit über einhundert Büchern zu den bekanntesten deutschsprachigen Kinderbuchautoren. Sie ist Österreicherin und wurde in Wien geboren. Nach dem Studium arbeitete sie als Grafikerin und schrieb für Zeitungen und Magazine kurze Artikel. Ihr erstes Buch „Die feuerrote Friederike" schrieb sie mit 34 Jahren. Auch die Bilder zeichnete sie dabei selbst. Wie Christine Nöstlinger ihre Bücher für Kinder und Jugendliche schreibt, erklärt sie so: „Ich habe gewisse Vermutungen darüber, was Kinder lesen wollen, und gewisse Vermutungen, was Kinder lesen sollten. Und dann habe ich noch das dringende Bedürfnis, mir gewisse Dinge von der Seele zu schreiben. Und die feste Überzeugung, dass Kinder beim Lesen gern lachen, die habe ich auch. Aus diesen vier Komponenten mische ich üblicherweise meine Bücher zusammen."

Weitere Werke: *Wir pfeifen auf den Gurkenkönig; Geschichten vom Franz*

Steinhöfel, Andreas (* 14. 01. 1962)

Andreas Steinhöfel wuchs in Hessen auf. Eigentlich wollte er Biologie- und Englischlehrer werden. Zum Schreiben kam er, als er ein Kinderbuch gelesen hatte, das ihm gar nicht gefiel. Kurzerhand beschloss er, selbst ein Buch zu schreiben. Heute schreibt er nicht nur tolle Kinder- und Jugendbücher, sondern auch Drehbücher, wie z. B. für den „Käpt'n Blaubär Club", für einige Folgen von „Löwenzahn" oder für Folgen von „Urmel aus dem Eis". Viele seiner Bücher wurden verfilmt oder an deutschen Theatern gespielt.

Weitere Werke: *Rico, Oskar und die Tieferschatten; Die Mitte der Welt; Froschmaul*

Zang, Tina (* 26. 11. 1960)

Tina Zang heißt eigentlich Christine Spindler. Unter ihrem richtigen Namen schreibt sie Krimis für Erwachsene. Unter dem Namen Tina Zang veröffentlicht sie Kinder und Jugendbücher. Tina Zang studierte Physik und Sprachen, machte sich erst als Übersetzerin und dann als Autorin selbstständig. Sie lebt auf dem Land, wo es schön ruhig ist und sie beim Schreiben eine tolle Aussicht genießen kann. Tina Zang liebt Tiere – ganz besonders Katzen. Über ihre Hauptfiguren sagt sie: „Ich beobachte gerne Menschen. So entstehen die Ideen für meine Buchhelden – und natürlich für Hamster, die vor keinem Abenteuer zurückschrecken."

Weitere Werke: *Echte Helden; Ausgerechnet Liebe*

Einsterns Schwester 4

Themenheft 4

Lesen

Herausgegeben von: Roland Bauer, Jutta Maurach

Erarbeitet von: Wiebke Gerstenmaier, Sonja Grimm und der Redaktion Primarstufe

Redaktion: Mirjam Löwen

Illustration: Yo Rühmer

Umschlaggestaltung: klein & halm, Berlin

Layout und technische Umsetzung: lernsatz.de

www.cornelsen.de

1. Auflage, 6. Druck 2016

Alle Drucke dieser Auflage sind inhaltlich unverändert
und können im Unterricht nebeneinander verwendet werden.

ISBN 978-3-06-080160-2

Inhalt gedruckt auf säurefreiem Papier aus nachhaltiger Forstwirtschaft.